4살 된 딸아이가 어린이집에 있는 동안 공부해
고득점으로 합격한 전업주부

밤에는 대리운전, 낮에는 독서실에서 공부하며
에듀윌의 도움으로 거머쥔 주택관리사 합격증

누구나 합격할 수 있습니다.
시작하겠다는 '다짐' 하나면 충분합니다.

마지막 페이지를 덮으면,

**에듀윌과 함께
주택관리사 합격이 시작됩니다.**

eduwill

15년간
베스트셀러 1위

기초서

기본서

기출문제집

핵심요약집

문제집

네컷회계

주택관리사
교재 보기

베스트셀러 1위 교재로
따라만 하면 합격하는 커리큘럼

STEP 1	STEP 2	STEP 3	STEP 4
기초 이론	이론 완성 1 이론 완성 2	핵심 이론 문제 풀이	마무리 특강 동형 모의고사
시작에 필요한 기초 개념 확인	기본서 반복으로 탄탄한 이론 완성	빈출이론&문제 한 번에 정리	다양한 실전 연습으로 쉬운 합격 완성

* 커리큘럼의 명칭 및 내용은 변경될 수 있습니다.

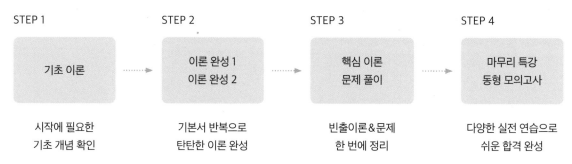

업계 유일 5년 연속 최고득점자 배출

에듀윌 주택관리사의 우수성, 2023년에도 입증했습니다!

2023 최고득점자

제26회 시험 공동주택관리실무 최고득점자

김O우 합격생

과목별로 최고의 교수님들을 다수 보유하고 있다 보니 그중 제게 맞는 교수님을 선택해서 수강할 수 있었습니다. 2019년부터 매년 과목별 최고 득점자들을 배출했다는 말을 듣고 망설임 없이 에듀윌 주택관리사를 선택하게 됐습니다. 게다가 합격 이후 취업까지 도와주는 '주택 취업지원센터'가 있다는 것도 큰 장점이 아닌가 싶습니다. 에듀윌 교수님들 덕분에 원하는 목표 이상의 성과를 이뤄냈습니다. 에듀윌의 완벽한 교육 시스템에 본인의 노력을 더한다면 분명 누구나 원하는 목표를 달성할 수 있으리라 생각합니다.

주택관리사,
에듀윌을 선택해야 하는 이유

오직 에듀윌에서만 가능한 합격 신화
5년 연속 최고득점자 배출

합격을 위한 최강 라인업
주택관리사 명품 교수진

회계원리 윤재옥 / 시설개론 이강일 / 민법 신의영 / 시설개론 신명 / 관계법규 윤동섭 / 관리실무 김영곤

주택관리사

합격부터 취업까지!
에듀윌 주택취업지원센터 운영

합격생들이 가장 많이 선택한 교재
15년간 베스트셀러 1위

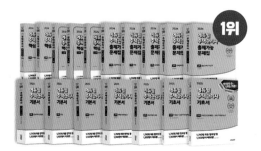

주택관리사, 단기간에 이론을 끝내고 싶다면

회계원리 요약집 4주 완성 플래너

* 회계원리 핵심요약집 권장학습기간인 4주는 에듀윌 이론강의에 기반하였습니다. 자세한 사항은 에듀윌 홈페이지(house.eduwill.net)에서 확인하세요.
* 학습 내용 란에 한 주마다의 학습계획을 작성하고, 학습이 끝난 후 성취도 란에 표시합니다.

1주차   월   일 ~ 월   일

학습 내용	성취도
예시) PART 1 재무회계 - CHAPTER 01	%
	%
	%
	%
	%
	%
	%
	%
	%
	%
	%
	%

2주차   월   일 ~ 월   일

학습 내용	성취도
	%
	%
	%
	%
	%
	%
	%
	%
	%
	%
	%
	%

3주차   월   일 ~ 월   일

학습 내용	성취도
	%
	%
	%
	%
	%
	%
	%
	%
	%
	%
	%
	%

4주차   월   일 ~ 월   일

학습 내용	성취도
	%
	%
	%
	%
	%
	%
	%
	%
	%
	%
	%
	%

ENERGY

세상을 움직이려면
먼저 나 자신을 움직여야 한다.

– 소크라테스(Socrates)

+ **합격할 때까지 책임지는** 개정법령 원스톱 서비스!

기준 및 법령 개정이 잦은 주택관리사 시험,
개정사항을 어떻게 확인해야 할지 막막하고 걱정스러우신가요?
에듀윌에서는 필요한 개정법령만을 빠르게! 한번에! 제공해 드립니다.

에듀윌 도서몰 접속 (book.eduwill.net)	▶	도서자료실 클릭

개정법령
확인하기

2025

에듀윌 주택관리사

핵심요약집 1차

회계원리

시험 안내

주택관리사, 무슨 일을 하나요?

주택관리사란?	주택관리사(보) 합격증서	+	대통령령으로 정하는 주택 관련 실무 경력	→	주택관리사 자격증 발급

하는 일은?	공동주택, 아파트 등의 관리사무소장은 물론, 주택관리 전문 공무원, 공동주택 또는 건물관리 용역 업체 창업 등 취업의 문이 넓습니다.

주택관리사(보) 시험에서는 어떤 과목을 보나요?

제1차 (2025.06.28 시행 예정)

1교시 (총 100분)	회계원리	세부과목 구분 없이 출제 ※ 회계처리 등과 관련된 시험문제는 한국채택국제회계기준(K-IFRS)을 적용하여 출제
	공동주택 시설개론	목구조 · 특수구조를 제외한 일반건축구조와 철골구조, 홈네트워크를 포함한 건축설비개론 및 장기수선계획 수립 등을 위한 건축적산 포함
2교시 (총 50분)	민법	총칙, 물권, 채권 중 총칙 · 계약총칙 · 매매 · 임대차 · 도급 · 위임 · 부당이득 · 불법행위

▶ 과목별 각 40문항이며, 전 문항 객관식 5지 택일형으로 출제됩니다.

제2차 (2025.09.20 시행 예정)

1교시 (총 100분)	주택관리 관계법규	다음의 법률 중 주택관리에 관련되는 규정: 「주택법」, 「공동주택관리법」, 「민간임대주택에 관한 특별법」, 「공공주택 특별법」, 「건축법」, 「소방기본법」, 「화재의 예방 및 안전관리에 관한 법률」, 「소방시설 설치 및 관리에 관한 법률」, 「승강기 안전관리법」, 「전기사업법」, 「시설물의 안전 및 유지관리에 관한 특별법」, 「도시 및 주거환경정비법」, 「도시재정비 촉진을 위한 특별법」, 「집합건물의 소유 및 관리에 관한 법률」
	공동주택 관리실무	시설관리, 환경관리, 공동주택회계관리, 입주자관리, 공동주거관리이론, 대외업무, 사무 · 인사관리, 안전 · 방재관리 및 리모델링, 공동주택 하자관리(보수공사를 포함한다) 등

▶ 과목별 각 40문항이며, 객관식 5지 택일형 24문항, 주관식 16문항으로 출제됩니다.

상대평가, 어떻게 시행되나요?

2024년 제27회 1,600명 선발 예정!

국가에서 정한 선발예정인원(선발예정인원은 매해 시험 공고에 게재됨) 범위에서 고득점자 순으로 합격자가 결정됩니다.

제1차는 평균 60점 이상 득점한 자, 제2차는 고득점자 순으로 선발!

제1차	매 과목 40점 이상, 전 과목 평균 60점 이상 득점한 사람 중에서 선발합니다.
제2차	매 과목 40점 이상, 전 과목 평균 60점 이상 득점한 사람 중에서 선발하며, 그중 선발예정인원 범위에서 고득점자 순으로 결정합니다. 선발예정인원에 미달하는 경우 전 과목 40점 이상자 중 고득점자 순으로 선발하며, 동점자로 인하여 선발예정인원을 초과하는 경우에는 동점자 모두를 합격자로 결정합니다.

제2차 과목의 주관식 단답형 16문항은 부분점수 적용

괄호가 3개인 경우	3개 정답(2.5점), 2개 정답(1.5점), 1개 정답(0.5점)
괄호가 2개인 경우	2개 정답(2.5점), 1개 정답(1점)
괄호가 1개인 경우	1개 정답(2.5점)

2020년 상대평가 시행 이후 제2차 시험 합격선은?

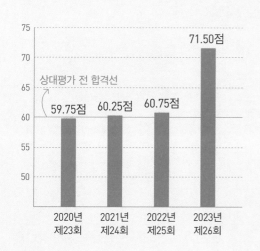

4개년 합격선 평균 63.1점!

상대평가 시행 이후 제25회 시험까지는 합격선이 60점 내외로 형성되었지만, 제26회에는 평균 71.50점에서 합격선이 형성되며 합격에 필요한 점수가 상당히 올라갔습니다. 앞으로도 에듀윌은 변화하는 수험 환경에 맞는 학습 커리큘럼과 교재를 통해 수험자 여러분들을 합격의 길로 이끌겠습니다.

에듀윌 핵심요약집이 효율적인 이유!

"시작하기에 너무 늦지는 않았을까?"

"양이 너무 많아서 뭐부터 공부해야 할지 모르겠어…"

고민은 그만, 에듀윌 핵심요약집으로 해결하세요!

베스트셀러 1위, 합격생이 인정한 교재

합격생 A

변별력을 위한 문제를 제외하고 핵심요약집에 모든 내용이 담겨있어 전체적인 내용 파악을 편하게 할 수 있었어요.

합격생 B

공부해야 할 양이 만만치 않아 시험 한 달 전까지도 자신이 없었는데, 핵심요약집과 강의를 중점적으로 학습하여 좋은 결과를 얻을 수 있었어요.

* YES24 수험서 자격증 주택관리사 핵심요약 베스트셀러 1위
  – 민법 2024년 1월, 시설개론 2024년 5월 월별 베스트
  – 회계 2024년 4월 2주 주별 베스트

방대한 주택관리사, 핵심만 담은 집약이론

정보시스템?

거래요소의 결합관계?

청구권의 변동에 관한 정보 제공?

투자부동산으로 보지 않는 사례?

중요성?

복구비용?

선대금과 예수금?

관계기업투자?

핵심	회계의 기초개념
핵심	자산의 분류
핵심	개념체계의 위상과 목적
핵심	감모손실과 평가손실

넓은 범위, 수많은 주제와 키워드

핵심만 싹 모은 진짜 요약서!

합격을 위한 최종병기, 차별화된 복습자료

빈칸 채우기로 CHAPTER 마무리

1차 과목의 요약이론 중에서도 CHAPTER별로 반드시 알아야 하는 빈출이론은 빈칸을 채워가며 최종적으로 복습하고, 나만의 요약이론으로 활용할 수 있습니다.

주택관리관계법규 체계도

방대한 양의 주택관리관계법규 이론을 체계도로 간단명료하게 정리할 수 있습니다.

공동주택관리실무 문제편

공동주택관리실무 핵심이론을 간단 문제로 확실히 정리할 수 있습니다.

* 상기 교재의 이미지는 변경될 수 있습니다.

➕ PLUS　핵심요약집, 함께하면 좋은 책은?

단원별 기출문제집(2종)

주택관리사(보) 최근 기출문제로 약점 극복, 실전 완벽 대비!

(1차: 2024년 11월 출간, 2차: 2025년 1월 출간 예정)

출제가능 문제집(5종)

주택관리사(보) 최근문제 해결 능력 확실히 키우기!

(2025년 1~2월 출간 예정)

* 상기 교재의 이미지는 변경될 수 있습니다.

구성과 특징

① CHAPTER 미리보기

단원의 핵심주제와 그중 중요도가 높은 주제를 미리 파악할 수 있습니다.

② 핵심이론

기출 분석을 기반으로 과목별로 가장 핵심적인 이론을 본문에 실었습니다. ★로 중요도를 확인하세요.

③ 연계학습

더 깊이 학습하고 싶다면, 기본서 연계학습 페이지로 이동하여 학습할 수 있습니다.

④ 회독체크

반복학습을 할 때마다 회독 체크표에 표시하세요.

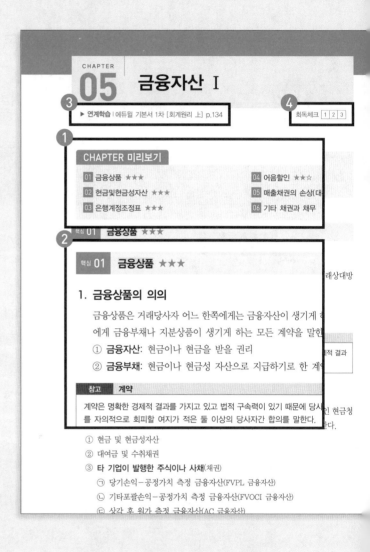

➕ 특별제공

4주 완성 플래너

가장 먼저 한 주마다의 학습계획을 작성하고 성취도를 적어 보세요. 계획적인 학습이 성공의 지름길입니다.

PART별 분석전략

최근 5개년 출제경향을 반영한 PART별 분석자료를 확인하고 전략적으로 학습해 보세요.

2. 사채할증발행차금을 환입한 경우

① 이자비용(유효이자) = 액면(현금)이자 − 사채할증발행차금환입액

② 이자지급 시 회계처리

(차) 이 자 비 용	×××	(대) 현 금	×××
사채할증발행차금	×××		

핵심 05 정액법과 유효이자율법의 비교

구분	할인발행			할증발행		
	장부금액	이자비용	차금상각	장부금액	이자비용	차금환입
정액법	증가	일정	일정	감소	일정	일정
유효이자율법	증가	증가	증가	감소	감소	증가

핵심암기법 **사채**가 나오면: **사**발면을 그려라 ⇨ **사** 채, **발** 행가격, 액 **면** 가격

빈칸 채우기로 CHAPTER 마무리

❶ 부채로 인식되기 위해서는 과거사건으로 인한 의무가 기업의 미래행
(   )이어야 한다.

❷ 우발부채의 요건: 우발부채는 미래사건의 발생 여부에 의해서만 그 존재가 확
다. 따라서 우발부채는 부채로 인식하지 아니하고 (   )으로 공

❸ 우발자산은 자산으로 인식하지 아니하고 자원의 유입가능성이 매우 높은 경우
로 기재한다.

다. 따라서 우발부채는 부채로 인식하지 아니하고 (   )으로 공시한다.

❸ 우발자산은 자산으로 인식하지 아니하고 자원의 유입가능성이 매우 높은 경우에만 (   )으
로 기재한다.

정답

① 독립적 ② 주석 ③ 주석

---

⑤ 핵심암기법

이론 중간중간마다 암기가 꼭 필요한 내용은 두문자 암기법, 단어 연상 암기법 등을 다양하게 수록하였습니다.

⑥ 빈칸 채우기

반드시 알아야 하는 빈출이론은 빈칸 채우기로 제공합니다. 단원 학습 후 빈칸을 채우며 복습하고, 노트에 따라 적으며 나만의 요약집으로 활용해 보세요.

필수용어 찾아보기

본문 학습이 끝나면 과목별로 해당 용어의 의미를 정확히 알고 있는지 체크해 보고, 헷갈리는 용어는 본문으로 돌아가 다시 학습합니다.

차례

PART 1

재무회계

최근 5개년 평균 출제비율

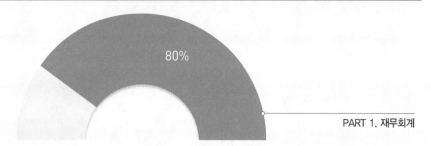

80%

PART 1. 재무회계

최근 5개년 CHAPTER별 평균 출제비율 & 빈출 키워드

CHAPTER	출제비율	빈출 키워드
01. 회계의 이론적 구조	3%	순손익의 측정방법, 재무상태와 경영성과
02. 회계의 기술적 구조	4.5%	회계의 순환과정, 결산
03. 재무보고를 위한 개념체계	5.5%	재무보고를 위한 개념체계
05. 금융자산 Ⅰ	8%	현금및현금성자산, 매출채권의 손상(대손)회계, 대여금 및 수취채권
06. 금융자산 Ⅱ	3%	당기손익·공정가치 측정 금융자산(FVPL 금융자산), 상각 후 원가 측정 금융자산(AC 금융자산)
07. 재고자산	10%	재고자산의 측정(평가), 감모손실과 평가손실, 재고자산의 의의 및 분류
08. 유형자산	9.5%	원가모형과 재평가모형, 유형자산의 감가상각, 유형자산의 인식과 측정, 유형자산의 처분 및 손상, 유형자산의 취득형태
10. 부채	5.5%	사채, 충당부채와 우발부채
11. 자본회계	6.5%	자기주식과 주당순이익
12. 수익·비용회계	6.5%	거래형태별 수익인식, 결산정리 및 수익·비용의 이연과 예상
14. 재무제표	5.5%	재무제표의 일반이론, 현금흐름표
15. 재무제표 비율분석	4.5%	안정성비율, 활동성비율, 수익성비율

※ 일부 CHAPTER는 생략되었음

PART 1 | 합격전략

제27회 시험은 지난 26회와 비슷한 난이도였습니다. 재무회계 5문제와 원가 관리회계 5문제는 상당한 정도의 난이도를 보였습니다. 그러나 초, 중급 문제는 우리가 충분히 풀 수 있는 문제로 구성되었습니다. 제28회 시험은 1차 시험의 난도가 27회보다는 조금 높을 것으로 전망합니다.

※ 본문의 형광펜 부분은 반드시 기억해야 할 필수 용어이니 더 유의하여 학습하세요. 학습이 모두 끝나면 p.213에서 해당 용어의 의미를 정확히 알고 있는지 확인해 보세요!

CHAPTER 미리보기

01 회계의 기초개념   03 순손익의 측정방법 ★★★
02 재무상태와 경영성과

핵심 01 회계의 기초개념

1. 회계의 의의

회계(會計, Accounting)는 기업실체가 경영활동에서 발생하는 경제가치의 변화를 일정한 원리원칙에 따라 기록·계산·정리하여 보고함으로써 정보이용자(이해관계자)의 경제적 의사결정에 유용한 정보를 제공하는 정보시스템(Information System)이다.

| 회계정보의 식별 | ➡ | 측정·인식 | ➡ | 분류·집계 | ➡ | 보고·전달 | ➡ | 보존·관리 |

회계의 내부적 기능(정보의 생산)	회계의 외부적 기능(정보의 이용)
• 정보의 식별 • 정보의 측정 및 인식 • 정보의 분류 및 집계 • 정보의 보고 및 전달 • 정보의 보존 및 관리	• 과거사건에 대한 증빙(증명)기능 • 이해조정 기능

2. 회계의 목적

한국채택국제회계기준(K-IFRS)에서는 회계의 목적과 관련하여 일반목적재무보고의 목적은 현재 및 잠재적 투자자, 대여자와 그 밖의 채권자가 기업에 자원을 제공하는 것과 관련된 의사결정을 할 때 보고기업의 유용한 재무정보를 제공하는 것으로 규정하고 다음의 정보를 필요로 한다.

(1) 보고기업의 경제적 자원과 청구권

일반목적재무보고서는 보고기업의 재무상태에 관한 정보, 즉 기업의 경제적 자원 및 보고기업에 대한 청구권에 관한 정보를 제공한다.

(2) 경제적 자원 및 청구권의 변동에 관한 정보 제공

보고기업의 경제적 자원 및 청구권의 변동은 그 기업의 재무성과 그리고 채무상품이나 지분상품의 발행과 같은 그 밖의 사건이나 거래에서 발생한다.

① 발생기준 회계가 반영된 재무성과

② 과거현금흐름이 반영된 재무성과

③ 재무성과에 기인하지 않은 경제적 자원 및 청구권의 변동(채무상품, 지분상품)

참고   일반목적재무보고서

- **주요이용자**
  현재 및 잠재적 투자자, 대여자, 그 밖의 채권자
- **부수적 이용자**
  경영진, 감독당국, 일반대중 등
- **일반목적재무보고서의 한계점**
  일반목적재무보고서는 현재 및 잠재적 투자자, 대여자 및 그 밖의 채권자가 필요한 모든 정보를 제공하지 않으며 제공할 수도 없다(일반 경제적 상황 및 기대, 정치적 사건과 정치 풍토, 산업 및 기업 전망 등은 다른 수단으로 입수한 정보를 고려할 필요가 있다).

---

3. 정보이용자 ➡ 이해관계자

회계정보이용자 (이해관계자)	외부이해관계자: 주주·채권자·그 밖의 채권자·정부 ⇨ 재무회계
	내부이해관계자: 경영자·중간관리자 ⇨ 관리회계

재무제표의 광범위한 이용자는 현재 및 잠재적 투자자, 종업원, 대여자, 공급자와 그 밖의 거래 채권자, 고객, 정부와 유관기관, 일반대중 등을 포함한다. 이들은 서로 다른 다양한 정보수요를 충족하기 위하여 재무제표를 이용한다. 이러한 정보수요는 다음을 포함한다.

구분	재무회계	관리회계
목적	외부정보이용자에게 유용한 정보의 제공	내부정보이용자(경영자)에게 유용한 정보의 제공
보고수단	재무보고서(재무제표 + 기타의 정보)	특수목적의 보고서
원칙의 여부	일반적으로 인정된 회계원칙의 지배를 받음	일반적인 기준이 없음
시간적 관점	과거정보 위주	미래정보 포함
보고단위	화폐정보	화폐정보 및 비화폐정보
보고주기	정기보고(1년, 반기, 분기)	수시보고
감사의 여부	회계감사제도가 있음	회계감사제도가 없음

핵심 02 재무상태와 경영성과

1. 재무상태

재무상태는 기업의 일정 시점에 있어서 재산상태 또는 재정상태를 말한다. 회계에서 기업의 재무상태는 자산·부채·자본으로 구성되어 있는 재무상태표에서 파악할 수 있다.

2. 자산·부채·자본

(1) 자산

자산(Assets)은 기업이 소유하고 있는 재화와 채권을 총칭하는 것으로서, 기업의 경제적 자원을 화폐액으로 표시한 것으로 다음의 특징을 가지고 있다.

① 과거사건이나 거래의 결과로 취득한 것이어야 한다.

② 현재 특정 실체가 그 지배하에 두고 배타적(통제)으로 사용할 수 있어야 한다.

③ 미래의 경제적 효익을 제공할 수 있어야 한다.

④ 자산은 경제적 자원이어야 한다.

▶ 자산의 분류

유동자산	당좌자산	현금및현금성자산, 당기손익－공정가치 측정 금융자산, 매출채권, 단기대여금, 미수금, 미수수익 등
	재고자산	상품, 제품, 재공품, 반제품, 원재료 등
	기타유동자산	선급금, 선급비용 등

	투자자산	기타포괄손익-공정가치 측정 금융자산, 상각 후 원가 측정 금융자산, 관계기업투자주식, 장기대여금, 투자부동산, 기타의 투자자산 등
비유동자산		
	유형자산	건물, 토지, 구축물, 기계장치, 선박, 건설중인자산 등
	무형자산	영업권, 산업재산권, 광업권, 어업권, 저작권, 개발비 등
	기타비유동자산	보증금, 이연법인세자산 등

▶ **자산의 항목**

계정과목	내용
현금	통화(한국은행권) 및 통화대용증권
당좌예금	당좌수표를 발행할 목적으로 은행에 당좌예금을 했을 때
현금및현금성자산	현금, 소액현금, 보통예금, 당좌예금, 현금성자산 등
당기손익-공정가치 측정 금융자산	단기매매 목적(매도)으로 보유하는 주식, 사채 등
상각 후 원가 측정 금융자산	만기 또는 특정일에 현금흐름을 수취할 목적 사채 등
기타포괄손익-공정가치 측정 금융자산	현금흐름의 수취와 매도를 위해 보유하는 주식, 사채 등
외상매출금	상품이나 제품을 외상으로 매출했을 때
받을어음	상품이나 제품을 매출하고 약속어음을 받았을 때
매출채권	외상매출금 + 받을어음
단기대여금	타인에게 현금을 빌려주었을 때
미수금	상품이나 제품을 제외한 재화를 처분하고 대금을 외상으로 했을 때
선급금	상품을 매입하기로 주문하고 계약금을 지급했을 때
상품	판매를 목적으로 매입한 재화(판매용)
소모품	사무용품을 구입하였을 때
비품	영업활동에 사용할 목적으로 보유하고 있는 사무용 책상, 의자 등
건물	영업활동에 사용할 목적으로 보유하고 있는 건물
토지	영업활동에 사용할 목적으로 보유하고 있는 토지
차량운반구	영업활동에 사용할 목적으로 보유하고 있는 차량 등
기계장치	영업활동에 사용할 목적으로 보유하고 있는 기계설비 등
투자부동산	임대수익이나 시세차익을 얻기 위해 보유하고 있는 부동산

영업권	합병대가가 순자산가액을 초과하여 지급한 금액
개발비	개발단계에서 지출한 비용
특허권등	무형의 권리가 있는 산업재산권 등

(2) 부채

부채(Liabilities)는 기업이 다른 기업 등에게 현금 또는 경제적 자원으로 미래에 갚아야 할 채무를 화폐액으로 표시한 것이다.

▶ 부채의 분류

유동부채	매입채무, 단기차입금, 미지급금, 선수금 등
비유동부채	사채, 장기차입금, 충당부채, 이연법인세부채 등

▶ 부채의 항목

계정과목	내용
외상매입금	상품을 외상으로 매입했을 때
지급어음	상품을 매입하고 약속어음을 발행했을 때
매입채무	외상매입금 + 지급어음
미지급금	상품이 아닌 재화를 외상으로 매입했을 때
단기차입금	현금을 빌려왔을 때
선수금(계약부채)	상품을 매출하기로 주문받고 계약금(착수금)을 받았을 때
상품권선수금	기업이 상품권을 발행했을 때
예수금	종업원의 급여 등에서 차감하여 보유한 소득세 등
사채	기업이 거액의 자금을 빌리기 위해서 발행한 채무증권
충당부채	기업이 미래에 지출할 것이 명확한 의제의무
이연법인세부채	기업이 미래에 납부할 법인세

(3) 자본

자본(Capital)은 소유주지분 또는 주주지분이라고도 한다. 이는 기업의 잔여지분으로서 자산에서 부채를 차감한 잔액이다.

▶ 자본 등식

자본 = 자산 - 부채

▶ 자본의 분류

납입자본	자본금	보통주자본금, 우선주자본금
	자본잉여금	주식발행초과금, 감자차익, 자기주식처분이익 등
기타자본 구성요소	자본유지조정	자기주식, 주식할인발행차금, 감자차손, 자기주식처분손실 등
	기타포괄손익 누계액	재평가잉여금, 순확정급여부채(자산)의 재측정요소, 기타포괄손익-공정가치 측정 금융자산평가손익, 해외사업환산손익, 파생상품평가손익
이익잉여금	법정적립금	이익준비금, 기타 법정적립금
	임의적립금	사업확장적립금, 신축적립금, 결손보전적립금, 배당평균적립금 등
	미처분이익잉여금	전기이월이익잉여금, 당기순이익

3. 재무상태표

재무상태표는 기업의 일정 시점에 있어서 재무상태를 나타내 주는 정태적 보고서로서, 기업이 보유하고 있는 경제적 자원인 자산과 그 자산의 조달원천인 부채와 자본의 현황을 보고한다. 이와 같이 재무상태는 기업의 재무적 안전성에 관한 정보를 제공한다.

▶ 재무상태표 등식

$$자산 = 부채 + 자본$$

재무상태표(계정식)

(주)한국　　　　　　　20×1. 12. 31. 현재　　　　　(단위: 원)

자　　　　　　　산	부　　　　　채
	자　　　　　본

❍ 재무상태표 작성 시 반드시 기재해야 하는 것(필수적 기재사항): 명칭, 회사명, 보고기간종료일, 보고통화 및 금액단위 등

4. 경영성과

경영성과(經營成果, Results of Operations)는 기업의 일정 기간 동안 경영활동의 결과로 나타난 경제적 성과를 의미하는데, 이는 포괄손익계산서에서 파악할 수 있다. 즉, 포괄손익계산서(I/S; Income Statement)는 일정 기간 동안의 경영성과를 파악하기 위하여 작성하는 동태적 보고서로서, 한국채택국제회계기준에서는 포괄손익계산서의 작성을 의무화하고 있다. 포괄손익계산서는 수익총액에서 비용총액을 차감하여 당기순손익을 계산하고, 여기에 기타포괄손익을 가감하여 총포괄손익을 표시하는 손익계산서를 말한다.

5. 수익과 비용

(1) 수익

수익(收益, Revenues)은 기업의 일정 기간 동안 경영활동을 통한 자본의 증가 원인으로서, 고객에게 재화나 용역을 제공한 대가로 받은 자산의 증가 또는 부채의 감소액이다.

▶ 수익의 분류

매출액	상품 또는 제품매출액
기타수익	이자수익, 배당금수익(주식배당액은 제외), 임대료, 금융자산처분이익, 금융자산평가이익, 외화환산이익, 투자자산처분이익, 유형자산처분이익, 사채상환이익, 지분법이익, 금융자산손상차손환입, 자산수증이익, 채무면제이익, 보험차익 등

▶ 수익의 항목

계정과목	내용
매출액	상품 또는 제품의 판매금액
상품매출이익	상품을 원가 이상으로 매출하면
유형자산처분이익	유형자산의 처분으로 발생한 이익
금융자산처분이익	금융자산을 원가 이상으로 처분하면
금융자산평가이익	금융자산을 원가 이상으로 평가하면
잡이익	영업활동 이외의 중요하지 않은 이익
배당금수익	현금배당을 받았을 때
이자수익	이자를 받았을 때
수수료수익	수수료를 받았을 때
임대료	집세를 받았을 때

(2) 비용

비용(費用, Expenses)은 기업의 일정 기간 동안 경영활동을 통한 자본의 감소 원인으로서, 수익을 획득하기 위하여 소비한 자산의 감소 또는 부채의 증가액이다. 비용은 성격별 분류방법 또는 기능별 분류방법으로 구분할 수 있으며, 비용 분류방법에 따라 손익계산서도 성격별 분류방법에 의한 포괄손익계산서와 기능별 분류방법에 의한 포괄손익계산서로 구분한다.

▶ 비용의 분류

성격별 분류	매입액, 상품의 변동, 급여, 임차료, 광고선전비, 감가상각비, 수선비, 접대비, 보험료, 금융자산평가손실, 유형자산처분손실 등
기능별 분류	매출원가, 물류비용(물류원가), 관리비용(일반관리비), 마케팅비용(판매비), 홍보비(광고비), 기타비용, 법인세비용 등

참고	비용의 분류

- 성격별 분류방법은 비용이 나타내고자 하는 성격을 그대로 표현한 것이다.
- 기능별 분류방법은 서로 기능이 유사한 비용들을 묶어놓은 것이다.

① **매출원가**
  ㉠ 판매업: 기초상품재고액 + 당기상품매입액 - 기말상품재고액
  ㉡ 제조업: 기초제품재고액 + 당기제품제조원가 - 기말제품재고액
② **물류원가와 관리원가**: 급여(임원급여, 급료, 임금 및 제수당 포함), 퇴직급여, 복리후생비, 임차료, 접대비, 감가상각비, 세금과공과, 광고선전비, 연구비, 경상개발비, 손상차손(대손상각비) 등
③ **기타비용**: 이자비용, 기타의 대손상각비, 당기손익-공정가치 측정 금융자산 처분손실, 당기손익-공정가치 측정 금융자산 평가손실, 재고자산감모손실, 외환차손, 외화환산손실, 기부금, 투자자산처분손실, 유형자산처분손실, 사채상환손실, 지분법손실, 기타포괄손익-공정가치 측정 금융자산 처분손실, 법인세추납액, 재해손실 등
④ **법인세비용**

▶ 비용의 항목

계정과목	내용
매출원가	상품 또는 제품의 판매금액의 원가
상품매출손실	상품을 원가 이하로 매출하면
금융자산처분손실	금융자산을 원가 이하로 처분하면
잡손실	금액이 적고 중요하지 않은 손실
이자비용	이자를 지급했을 때
수수료비용	수수료를 지급했을 때
임차료	집세를 지급했을 때
급여	임원, 종업원의 급료를 지급했을 때
복리후생비	종업원의 복지를 위해 지급했을 때
수선비	수리비를 지급했을 때
소모품비	사무용품(문구) 등을 구입하여 사용했을 때
잡비	신문구독료, 도서인쇄비 등을 지급했을 때
여비교통비	교통비, 출장비 등을 지급했을 때
운반비	상품 판매 시의 운임을 지급했을 때
통신비	전신, 전화, 우편요금, 인터넷요금 등을 지급했을 때
수도광열비	수도요금, 전기요금, 가스요금 등을 지급했을 때
세금과공과	재산세, 자동차세, 공과금, 적십자 회비 등을 지급했을 때
보험료	자동차, 화재 보험 등의 보험료를 지급했을 때
광고선전비	광고, 홍보, 마케팅비용을 지급했을 때
감가상각비	유형자산을 사용함으로써 가치가 감소되었을 때
손상차손(대손상각비)	매출채권이 회수불능되었을 때
포장비	상품 판매 시의 포장비
자산의 평가손실	자산의 공정가치가 장부금액보다 하락한 손실
유형자산처분손실	유형자산을 원가 이하로 처분 시 손실

6. 포괄손익계산서

포괄손익계산서(I/S; Income Statement)는 일정 기간 동안의 경영성과를 파악하기 위하여 작성하는 동태적 보고서이다.

손익계산서	
(주)한국 20×1. 1. 1.~20×1. 12. 31. (단위: 원)	
총 비 용　　80	총 수 익 100
당기순이익　20	

손익계산서	
(주)한국 20×1. 1. 1.~20×1. 12. 31. (단위: 원)	
총 비 용　　80	총 수 익 70
	당기순손실 10

핵심 03 순손익의 측정방법 ★★★

1. 재산법(재무상태표접근법)

재산법은 기초자본에 추가출자액(유상증자)과 인출액(유상감자, 현금배당)을 가감한 후 이를 기말자본과 비교하여 기말자본이 많으면 당기순이익이 발생하고, 기말자본이 적으면 당기순손실이 발생한다. 이 방법은 재무상태표접근법(Stock개념)이라 한다.

- 기말자본 − 기초자본 = 순이익(또는 순손실)
- 기말자본 − {기초자본 + 추가출자(유상증자) − 인출(현금배당, 감자)} = 순이익(또는 순손실)

2. 손익법

손익법은 일정 기간 동안의 수익총액과 비용총액을 비교하여 수익총액이 비용총액보다 많으면 당기순이익이 발생하고, 비용총액이 수익총액보다 많으면 당기순손실이 발생한다. 이 방법은 손익계산서접근법(Flow개념)이라 한다.

- 총수익 − 총비용 = 당기순이익
- 총비용 − 총수익 = 당기순손실

3. 주요회계 등식

- 자본 등식 ⇨ 자본 = 자산 − 부채
- 재무상태표 등식 ⇨ 자산 = 부채 + 자본
- 포괄손익계산서 등식 ⇨ ┌ 총수익 = 총비용 + 당기순이익
  └ 총비용 = 총수익 + 당기순손실
- 재산법 ⇨ ┌ 기말자본 − 기초자본 = 당기순이익
  └ 기초자본 − 기말자본 = 당기순손실
- 손익법 ⇨ ┌ 총수익 − 총비용 = 당기순이익
  └ 총비용 − 총수익 = 당기순손실
- 잔액시산표 등식 ⇨ 기말자산 + 총비용 = 기말부채 + 기초자본 + 총수익

빈칸 채우기로 CHAPTER 마무리

❶ 회계는 기업실체가 경영활동에서 발생하는 경제가치의 변화를 일정한 원리원칙에 따라 기록·계산·정리하여 보고함으로써 (   )의 경제적 의사결정에 (   )를 제공하는 정보시스템이다.

❷ 한국채택국제회계기준에서는 회계의 목적과 관련하여 일반목적재무보고의 목적은 현재 및 잠재적 투자자, 대여자와 그 밖의 채권자가 기업에 자원을 제공하는 것과 관련된 의사결정을 할 때 보고기업의 (   )를 제공하는 것을 목적으로 한다.

❸ 일반목적재무보고서는 현재 및 잠재적 투자자, 대여자 및 그 밖의 채권자가 필요한 (   )를 제공하지 않으며 제공할 수도 없다.

정답

① 정보이용자 / 유용한 정보   ② 유용한 재무정보   ③ 모든 정보

▶ **연계학습** | 에듀윌 기본서 1차 [회계원리 上] p.49

회독체크 1 2 3

CHAPTER 미리보기

01 회계의 순환과정 ★★☆

핵심 01 **회계의 순환과정** ★★☆

회계의 순환과정은 인위적으로 구분된 회계기간을 단위로 회계목적을 수행하기 위하여 매년 반복적으로 수행하는 기술적인 과정을 말한다. 즉, 거래를 기록·계산·정리하여 최종적인 재무제표를 작성하는 단계까지의 작성자와 이용자 사이의 정보전달의 순환과정을 말한다.

1. 거래의 정의

회계상 거래는 장부에 기록할 경제적 사상(事象, Events)으로 자산·부채 및 자본에 증감변화를 일으키는 모든 사건 또는 현상을 뜻하는 것으로서, 일상적인 의미의 거래(계약, 협상, 업무추진 등)와 반드시 일치하지는 않는다.

(1) 회계상 거래가 되는 것

상품·비품 등의 매매, 채권·채무의 발생과 소멸, 비용의 지급, 수익의 발생, 화재 및 도난에 의한 손실, 비품·건물의 사용에 의한 가치소모 등

(2) 회계상 거래가 되지 않는 것

상품의 매매계약, 토지·건물의 임대차계약, 상품의 주문·보관, 담보제공, 종업원의 채용·퇴직, 신용제공, 주식분할(액면분할) 등

◉ 회계상 거래는 일반적인 거래와는 차이가 있다.

회계상 거래 ○	회계상 거래 ×
• 현금의 대차	• 상품주문, 매매계약
• 현금의 분실(도난)	• 건물사무실의 임대차계약을 맺음
• 상품의 파손, 부패, 도난	• 담보, 신용제공
• 채권·채무의 발생과 소멸	• 약속, 의뢰, 보관, 위탁
• 매출채권의 회수불능(손상)	• 종업원의 채용 및 해임
• 주식배당	• 주식분할(액면분할)
• 유형자산(건물 등)의 감가상각	• 현금 이외의 자산의 대여
• 재산세 등의 고지서 수취 등	
• 화재 등으로 인한 손실 등	

2. 거래의 종류

(1) 거래의 발생 원천에 따른 분류

① **외부거래**: 특정 실체와 다른 실체 간에 발생한 거래로 이는 구입거래와 판매거래가 있다.

② **내부거래**: 특정 실체의 내부에서 발생한 거래로 본점과 지점 간의 거래가 있다.

(2) 현금수지의 수반 여부에 따른 분류

① **현금거래**: 현금의 수입과 지출이 수반된 거래이다. 이는 다시 입금거래와 출금거래로 나누어진다.

② **대체거래**: 현금이 전혀 수반되지 않거나 일부만 수반되는 거래를 말한다. 이는 현금이 전혀 수반되지 않는 전부대체거래와 현금이 일부만 수반되는 일부대체거래로 나누어진다.

(3) 거래의 손익발생 여부에 따른 분류

① **교환거래**: 자산·부채·자본의 증감을 일으키나, 순손익에는 영향을 주지 않는 거래이다.

② **손익거래**: 수익·비용이 발생하는 거래로, 순손익에 영향을 주는 거래이다.

③ **혼합거래**: 교환거래와 손익거래가 혼합되어 있는 거래이다.

3. 계정의 의의

거래의 발생으로 인하여 나타나는 자산·부채·자본·수익·비용의 변동을 상세히 기록하기 위하여 설정한 기본적인 계산단위를 계정(A/C; Account)이라고 한다. 계정의 명칭을 계정과목이라고 하며 계정계좌의 왼쪽을 차변, 오른쪽을 대변이라고 한다.

4. 계정의 분류

(1) 실재계정: 재무상태표 계정. 즉, 계정 잔액이 차기로 이월되는 계정

　예 자산계정·부채계정·자본계정

(2) 임시계정: 포괄손익계산서 계정. 즉, 계정 잔액이 차기로 이월되지 않는 계정

　예 수익계정·비용계정(집합손익계정에 대체)

5. 회계장부 및 회계기간

(1) 회계장부(회계단위)

기업은 영업장소에 따라 독립적인 장부를 갖출 수 있다. 다시 말해, 하나의 기업은 여러 개의 장부조직으로 구성된다는 뜻이다. 예를 들면, 본점과 지점, 본사와 공장은 각각의 독립된 장부를 가지고 있다. 장부는 기업의 경영활동에서 발생하는 거래를 기록하는 장소적 조직이며, 장부의 종류에는 주요부와 보조부가 있다.

① **주요부**: 주요부는 모든 거래를 기록하는 장부로서 분개장과 총계정원장이 있다.

　㉠ **분개장**: 거래의 발생순서에 따라 가장 먼저 기록하는 최초의 기록수단이며 분개가 누락되면 장부기입에 오류가 발생한다. 분개장의 내용이 총계정원장에 전기하는 기초 자료가 된다.

　㉡ **총계정원장**: 장부의 핵심이며, 거래를 계정과목별로 집계하므로 결산의 자료로 제공한다.

② **보조부**: 보조부는 주요부의 기록을 보조하는 장부로서 보조기입장과 보조원장이 있다.

　㉠ **보조기입장**: 분개장을 보조하는 장부로서, 특수분개장으로 사용이 가능하다.

현금출납장	현금의 수입과 지출을 기록하는 현금계정의 보조장부
당좌예금출납장	당좌예입과 인출(수표발행)을 기록하는 당좌예금계정의 보조장부
매입장	상품매입을 기록하는 매입(상품)계정의 보조장부
매출장	상품매출을 기록하는 매출(상품)계정의 보조장부
받을어음기입장	받을어음의 증감을 기록하는 받을어음계정의 보조장부
지급어음기입장	지급어음의 증감을 기록하는 지급어음계정의 보조장부

　㉡ **보조원장**: 총계정원장을 보조하는 장부로서, 총계정원장의 특정 계정(통제계정)을 상세히 기록하는 장부이다.

상품재고장	상품의 재고현황을 기록하는 상품계정의 보조장부
매출처원장	매출처별 외상매출금의 증감을 기록하는 외상매출금계정의 보조장부
매입처원장	매입처별 외상매입금의 증감을 기록하는 외상매입금계정의 보조장부
물류원가 및 관리비대장	물류원가와 관리비를 기록하는 물류원가와 관리비계정의 보조장부
주주원장	출자자(주주)별 출자금의 현황을 기록하는 보조장부
유형자산대장	유형자산의 종류별 내용을 기록하는 보조장부

(2) 회계기간(회계연도, 보고기간)

기업은 경영을 보다 더 효율적으로 수행하기 위하여 기업의 경영성과를 6개월 또는 12개월 단위로 구분하여 보고하게 되는데, 이러한 기간을 회계기간(Accounting Period) 또는 회계연도(Fiscal Year)라 하고, 기업에서 인위적으로 결정한다. 회계기간은 정기적인 보고와 정기적인 성과계산을 하도록 하고 있기 때문에 계속기업이 전제되어야 한다.

① 우리나라 기업은 연 1회 이상 결산을 하여야 한다.

②「상법」에서는 회계기간을 12개월을 넘지 못하도록 규정하고 있다.

6. 시산표(試算表)

시산표는 총계정원장의 기입이 바르게 되었는지 검증하기 위하여 작성하는 일람표로서, 작성시기와 목적에 따라 수정전시산표, 수정후시산표, 이월시산표로 구분되며 수정전시산표에는 합계시산표, 잔액시산표, 합계잔액시산표 등이 있다.

(1) 시산표의 작성 목적

① 대차평균의 원리를 이용하여 장부기장의 오류를 검증한다.

② 계정과목별로 집계하므로 결산을 용이하게 할 수 있다.

③ 개략적으로 재무상태와 경영성과를 파악할 수 있다.

④ 시산표를 통해서 모든 오류를 발견할 수 있는 것은 아니다.

(2) 잔액시산표 등식

기말자산 + 총비용 = 기말부채 + 기초자본 + 총수익

(3) 시산표 합계의 불일치 시 오류 찾는 순서

① 시산표 자체 내에서 계산상의 오류가 있는지 검토한다.

② 원장의 각 계정의 합계액이 시산표에 올바르게 이기되었는지 검토한다.

③ 원장의 각 계정의 합계액이 올바르게 기입되었는지 검토한다.

④ 분개장에서 원장으로 전기가 올바르게 되었는지 검토한다.

⑤ 분개장 자체 내에서 오류가 있는지 검토한다.

(4) 시산표에서 발견할 수 없는 오류

① 거래 전체의 분개가 누락 또는 전기가 누락된 경우

② 거래를 이중으로 분개 또는 대·차 양변에 이중으로 전기한 경우

③ 대·차 양변에 똑같이 틀린 금액으로 분개 또는 전기한 경우

④ 계정과목을 잘못 설정하였거나 타 계정에 전기한 경우

⑤ 오류가 우연히 상계된 경우

(5) 시산표 합계금액에 변동을 주지 않는 거래

소모품, 선급비용, 선수수익

> **핵심암기법** 시산표 합계금액에 영향을 주지 않는 거래: 소선 ➡ **소** 모품, **선** 급비용, **선** 수수익

7. 결산

결산(Closing)은 재무정보를 명확하게 계산하고 정리하여 그 결과를 정보이용자에게 보고하는 재무회계의 순환과정 중 마지막 절차이며, 모든 장부를 마감하는 과정이다.

(1) 결산 예비절차(장부검증)

① **시산표의 작성**: 원장기록의 요약, 원장 전기를 검증

② **재고조사표의 작성**: 장부상 금액과 실제 금액을 조사하여 수정하는 표

> **참고   기말결산 수정사항**
>
> - 소모품의 결산정리
> - 선급비용, 선수수익의 계상
> - 미수수익, 미지급비용의 계상
> - 손실충당금의 추정(설정)
> - 유·무형자산의 감가상각
> - 자산·부채의 평가 및 손상차손
> - 실지재고조사법에 의한 매출원가 계산

| 참고 | 결산 수정이 아닌 것 |

- ~매입하다. ~매출하다.
- ~구입하다. ~처분하다.
- ~지급하다. ~회수하다.
- 실제 손상발생액 처리
- 자산의 처분손익 인식

⑦ 수익·비용의 이연과 발생

구분	차변		대변		당기순이익 증감
선급비용	선급비용	×××	비　　용	×××	당기순이익 증가
선수수익	수　　익	×××	선수수익	×××	당기순이익 감소
미수수익	미수수익	×××	수　　익	×××	당기순이익 증가
미지급비용	비　　용	×××	미지급비용	×××	당기순이익 감소

ⓛ 소모품 정리

구분	구입 시 비용처리한 경우		구입 시 자산처리한 경우	
구입 시	소모품비 ×××	현　　금 ×××	소 모 품 ×××	현　　금 ×××
결산 시	소 모 품 ××× (미사용액)	소모품비 ×××	소모품비 ××× (사용액)	소 모 품 ×××

ⓒ 정확한 순이익의 계산

가산항목	차감항목
• 선급비용, 미수수익, 소모품 • 기말상품재고액·매출액 누락 • 자산의 증가, 부채의 감소 • 수익·이익~	• 선수수익, 미지급비용, 소모품비 • 자산의 감소, 부채의 증가 • 손상차손, FVPL 금융자산평가손실 • 비용·손실~

③ **정산표의 작성**(임의절차)

(2) 결산 본절차(장부 마감)

① 총계정원장의 마감

② 분개장의 마감

③ 기타장부의 마감

(3) 결산 후절차(재무제표의 작성)

① 기말 재무상태표의 작성

② 기간손익과 기타포괄손익계산서의 작성

③ 기간 현금흐름표의 작성

④ 기간 자본변동표의 작성

⑤ 주석

(4) 자산·부채·자본·수익·비용계정의 마감방법

① **자산계정의 마감**: 자산계정은 잔액이 차변에 생기므로 대변에 '차기이월', 차변에 '전기이월'이라고 마감한다.

② **부채계정의 마감**: 부채계정은 잔액이 대변에 생기므로 차변에 '차기이월', 대변에 '전기이월'이라고 마감한다.

③ **자본계정의 마감**: 자본계정은 순손익을 계산하여 반영한 후, 잔액이 대변에 생기므로 차변에 '차기이월', 대변에 '전기이월'이라고 마감한다.

④ **수익계정의 마감**: 수익계정은 잔액이 대변에 생기므로 차변에 집합손익계정으로 대체하고 차기로 이월하지 않는다.

⑤ **비용계정의 마감**: 비용계정은 잔액이 차변에 생기므로 대변에 집합손익계정으로 대체하고 차기로 이월하지 않는다.

8. 재무제표의 작성

① 기말 재무상태표

② 기간 포괄손익계산서

③ 기간 현금흐름표

④ 기간 자본변동표

⑤ 주석

빈칸 채우기로 CHAPTER 마무리

❶ 회계상 거래는 장부에 기록할 경제적 사상으로 자산·부채 및 자본에 (   )를 일으키는 모든 사건 또는 현상을 뜻한다.

❷ 거래의 발생으로 인하여 나타나는 자산·부채·자본·수익·비용의 변동을 상세히 기록하기 위하여 설정한 기본적인 계산단위를 (   )이라고 한다. 계정계좌의 왼쪽을 (   ), 오른쪽을 (   )이라고 한다.

❸ 계정 잔액이 차기로 이월되는 재무상태표 계정을 (   )계정이라고 하고, 계정 잔액이 차기로 이월되지 않는 포괄손익계산서 계정을 (   )계정이라고 한다.

❹ 장부는 주요부와 보조부로 나누며, 주요부에는 (   )과 (   )이 있고, 보조부에는 (   )과 (   )이 있다.

❺ 거래를 분개하여 해당 거래가 총계정원장에 기입이 바르게 되었는지 검증하기 위하여 작성하는 일람표를 (   )라고 한다.

❻ (   )은 재무정보를 명확하게 계산하고 정리하여 그 결과를 정보이용자에게 보고하는 재무회계의 순환과정 중 마지막 절차이며, 모든 장부를 마감하는 과정이다. 결산절차에는 다음의 세 가지가 있다. (   ), (   ), (   )

03 재무보고를 위한 개념체계

▶ **연계학습** | 에듀윌 기본서 1차 [회계원리 上] p.92

회독체크 1 2 3

PART 1

CHAPTER 미리보기

01 개념체계의 위상과 목적 ★★☆   03 유용한 재무정보의 질적 특성 ★★★

02 일반목적재무보고의 목적, 용용성 및 한계   04 유용한 재무보고에 대한 원가 제약

핵심 **01**   **개념체계의 위상과 목적** ★★☆

'재무보고를 위한 개념체계'(이하 '개념체계'라 한다)는 일반목적재무보고의 목적과 개념을
서술한다. '개념체계'의 목적은 다음과 같다.

① 한국회계기준위원회(이하 '회계기준위원회'라 한다)가 일관된 개념에 기반하여 한국채
   택국제회계기준(이하 '회계기준'이라 한다)을 제·개정하는 데 도움을 준다.

② 특정 거래나 다른 사건에 적용할 회계기준이 없거나 회계기준에서 회계정책 선택이
   허용되는 경우에 재무제표 작성자가 일관된 회계정책을 개발하는 데 도움을 준다.

③ 모든 이해관계자가 회계기준을 이해하고 해석하는 데 도움을 준다.

> '개념체계'는 회계기준이 아니다. 따라서 이 '개념체계'의 어떠한 내용도 회계기준이나 회계기준의 요구사항
> 에 우선하지 아니한다.

핵심암기법   개념체계의 제정목적: **도 움**을 준다.

핵심 **02**   **일반목적재무보고의 목적, 용용성 및 한계**

일반목적재무보고의 목적은 현재 및 잠재적 투자자, 대여자와 그 밖의 채권자가 기업에
자원을 제공하는 것과 관련된 의사결정을 할 때 유용한 보고기업 재무정보를 제공하는
것이다. 현재 및 잠재적 투자자, 대여자와 그 밖의 채권자는 다음의 정보를 필요로 한다.

① 일반목적재무보고서는 보고기업의 재무상태에 관한 정보, 즉 기업의 경제적 자원 및
   보고기업에 대한 청구권에 관한 정보를 제공한다.

② 보고기업의 경제적 자원 및 청구권의 성격 및 금액에 대한 정보는 이용자들이 보고기업의 재무적 강점과 약점을 식별하는 데 도움을 줄 수 있다.

③ 보고기업의 경제적 자원 및 청구권의 변동은 그 기업의 재무성과 그리고 채무상품이나 지분상품의 발행과 같은 그 밖의 사건이나 거래에서 발생한다.

　　㉠ 발생기준 회계가 반영된 재무성과

　　㉡ 과거현금흐름이 반영된 재무성과

　　㉢ 재무성과에 기인하지 않은 경제적 자원 및 청구권의 변동

- 많은 현재 및 잠재적 투자자, 대여자 및 그 밖의 채권자는 정보를 제공하도록 보고기업에 직접 요구할 수 없고, 그들이 필요로 하는 재무정보의 많은 부분을 일반목적재무보고서에 의존해야만 한다. 따라서 그들이 일반목적재무보고서의 대상이 되는 주요이용자이다.
- 일반목적재무보고서는 보고기업의 가치를 보여주기 위해 고안된 것이 아니다. 그러나 그것은 현재 및 잠재적 투자자, 대여자와 그 밖의 채권자가 보고기업의 가치를 추정하는 데 도움이 되는 정보를 제공한다.
- 보고기업의 경영진도 해당 기업에 대한 재무정보에 관심이 있다. 그러나 경영진은 필요로 하는 재무정보를 내부에서 구할 수 있기 때문에 일반목적재무보고서에 의존할 필요가 없다.
- 재무보고서는 정확한 서술보다는 상당 부분 추정, 판단 및 모형에 근거한다. '개념체계'는 그 추정, 판단 및 모형의 기초가 되는 개념을 정한다.
- 일반목적재무보고서는 현재 및 잠재적 투자자, 대여자와 그 밖의 채권자가 필요로 하는 모든 정보를 제공하지는 않으며 제공할 수도 없다.
- 회계기준위원회는 회계기준을 제정할 때 최대 다수의 주요이용자 수요를 충족하는 정보를 제공하기 위해 노력할 것이다.

핵심 03 유용한 재무정보의 질적 특성 ★★★

유용한 재무정보의 질적 특성은 재무보고서에 포함된 정보(재무정보)에 근거하여 보고기업에 대한 의사결정을 할 때 현재 및 잠재적 투자자, 대여자와 그 밖의 채권자에게 가장 유용할 정보의 유형을 식별하는 것이다.

유용한 재무정보의 질적 특성은 그 밖의 방법으로 제공되는 재무정보뿐만 아니라 재무제표에서 제공되는 재무정보에도 적용된다. 보고기업의 유용한 재무정보 제공 능력에 대한 포괄적 제약요인인 원가도 이와 마찬가지로 적용된다. 재무정보가 유용하기 위해서는 목적적합해야 하고 나타내고자 하는 바를 충실하게 표현해야 한다. 재무정보가 비교가능하고, 검증가능하며, 적시성 있고, 이해가능한 경우 그 재무정보의 유용성은 보강된다.

1. 근본적 질적 특성

근본적 질적 특성은 목적적합성과 표현충실성이다. 정보가 유용하기 위해서는 목적적합하고 충실하게 표현되어야 한다. 목적적합하지 않은 현상에 대한 표현충실성과

목적적합한 현상에 대한 충실하지 못한 표현 모두 정보이용자가 좋은 결정을 내리는 데 도움이 되지 않는다. 근본적 질적 특성을 적용하기 위한 가장 효율적이고 효과적인 일반적 절차를 가지고 있다.

핵심암기법 근본적 질적 특성: 목표 ⇨ **목** 적적합성, **표** 현충실성

---

(1) 목적적합성

목적적합한 재무정보는 정보이용자의 의사결정에 차이가 나도록 할 수 있다. 일부 정보이용자가 이를 이용하지 않기로 선택하거나 다른 원천을 통하여 이미 이를 알고 있다고 할지라도 의사결정에 차이가 나도록 할 수 있다.

① **예측가치 및 확인가치**: 재무정보에 예측가치, 확인가치 또는 이 둘 모두가 있다면 그 재무정보는 의사결정에 차이가 나도록 할 수 있다. 정보이용자들이 미래 결과를 예측하기 위해 사용하는 절차의 투입요소로 재무정보가 사용될 수 있다면, 그 재무정보는 예측가치를 갖는다. 재무정보가 예측가치를 갖기 위해서 그 자체가 예측치 또는 예상치일 필요는 없다. 또한 재무정보가 과거 평가에 대해 피드백을 제공한다면(과거 평가를 확인하거나 변경시킨다면) 확인가치를 갖는다. 재무정보의 예측가치와 확인가치는 상호 연관되어 있다. 예측가치를 갖는 정보는 확인가치도 갖는 경우가 많다.

② **중요성**: 특정 보고기업에 대한 재무정보를 제공하는 일반목적재무보고서에 정보를 누락하거나 잘못 기재하거나 불분명하게 하여, 이를 기초로 내리는 주요이용자들의 의사결정에 영향을 줄 것으로 합리적으로 예상할 수 있다면 그 정보는 중요한 것이다.

　㉠ 중요성은 개별 기업 재무보고서 관점에서 해당 정보와 관련된 항목의 성격이나 규모 또는 이 둘 다에 근거하여 해당 기업에 특유한 측면의 목적적합성을 의미한다.

　㉡ 회계기준위원회는 중요성에 대한 획일적인 계량 임계치를 정하거나 특정한 상황에서 무엇이 중요한 것인지를 미리 결정할 수 없다.

　㉢ 중요성은 정보의 성격이나 크기 또는 둘 다에 따라 결정된다. 기업은 전체적인 재무제표의 맥락에서 정보가 개별적으로나 다른 정보와 결합하여 중요한지를 평가한다.

(2) 표현충실성

재무보고서는 경제적 현상을 글과 숫자로 나타내는 것이다. 재무정보가 유용하기 위해서는 목적적합한 현상을 표현하는 것뿐만 아니라 나타내고자 하는 현상을 충실하게 표현해야 한다. 완벽하게 표현충실성을 하기 위해서는 서술에 세 가지의 특성이

있어야 할 것이다. 서술은 완전하고, 중립적이며, 오류가 없어야 할 것이다. 물론 완벽함은 달성하기 어렵다. 회계기준위원회의 목적은 가능한 정도까지 그 특성을 극대화하는 것이다.

① **완전한 서술**: 완전한 서술은 필요한 기술과 설명을 포함하여 정보이용자가 서술되는 현상을 이해하는 데 필요한 모든 정보를 포함하는 것이다.

② **중립적 서술**: 중립적 서술은 재무정보의 선택이나 표시에 편의가 없는 것이다. 중립적 서술은 정보이용자가 재무정보를 유리하게 또는 불리하게 받아들일 가능성을 높이기 위해 편파적이 되거나, 편중되거나, 강조되거나, 경시되거나 그 밖의 방식으로 조작되지 않는다. 중립적 정보는 목적이 없거나 행동에 대한 영향력이 없는 정보를 의미하지 않는다. 오히려 목적적합한 재무정보는 정의상 정보이용자의 의사결정에 차이가 나도록 할 수 있는 정보이다.

③ **오류가 없는 서술**: 표현충실성은 모든 면에서 정확한 것을 의미하지는 않는다. 오류가 없다는 것은 현상의 기술에 오류나 누락이 없고, 보고 정보를 생산하는 데 사용되는 절차의 선택과 적용 시 절차상 오류가 없음을 의미한다. 이 맥락에서 오류가 없다는 것은 모든 면에서 완벽하게 정확하다는 것을 의미하지는 않는다.

> **핵심암기법** 표현충실성: 오중완 ⇨ **오**류가 없는 서술, **중**립적 서술, **완**전한 서술

2. 보강적 질적 특성

비교가능성, 검증가능성, 적시성 및 이해가능성은 목적적합하고 충실하게 표현된 정보의 유용성을 보강시키는 질적 특성이다. 보강적 질적 특성은 만일 어떤 두 가지 방법이 현상을 동일하게 목적적합하고 충실하게 표현하는 것이라면 이 두 가지 방법 가운데 어느 방법을 현상의 서술에 사용해야 할지를 결정하는 데에도 도움을 줄 수 있다.

> **핵심암기법** 보강적 질적 특성: 비검적이 ⇨ **비**교가능성, **검**증가능성, **적**시성, **이**해가능성

(1) 비교가능성

비교가능성은 정보이용자가 항목 간의 유사점과 차이점을 식별하고 이해할 수 있게 하는 질적 특성이다. 다른 질적 특성과 달리 비교가능성은 단 하나의 항목에 관련된 것이 아니다. 비교하려면 최소한 두 항목이 필요하다. 따라서 보고기업에 대한 정보는 다른 기업에 대한 유사한 정보 및 해당 기업에 대한 다른 기간이나 다른 일자의 유사한 정보와 비교할 수 있다면 더욱 유용하다.

① 일관성은 비교가능성과 관련은 되어 있지만 동일하지는 않다. 비교가능성은 목표이고 일관성은 그 목표를 달성하는 데 도움을 준다.

② 비교가능성은 통일성이 아니다. 정보가 비교가능하기 위해서는 비슷한 것은 비슷하게 보여야 하고 다른 것은 다르게 보여야 한다.

③ 단 하나의 경제적 현상을 충실하게 표현하는 데 여러 방법이 있을 수 있으나 동일한 경제적 현상에 대해 대체적인 회계처리방법을 허용하면 비교가능성이 감소한다.

(2) 검증가능성

검증가능성은 정보가 나타내고자 하는 경제적 현상을 충실히 표현하는지를 이용자들이 확인하는 데 도움을 준다. 검증가능성은 합리적인 판단력이 있고 독립적인 서로 다른 관찰자가 어떤 서술이 표현충실성에 있어, 비록 반드시 완전히 의견이 일치하지는 않더라도, 합의에 이를 수 있다는 것을 의미한다. 계량화된 정보가 검증가능하기 위해서 단일 점 추정치이어야 할 필요는 없다. 가능한 금액의 범위 및 관련된 확률도 검증될 수 있다.

(3) 적시성

적시성은 의사결정에 영향을 미칠 수 있도록 의사결정자가 정보를 제때에 이용가능하게 하는 것을 의미한다. 일반적으로 정보는 오래될수록 유용성이 낮아진다. 그러나 일부 정보는 보고기간말 후에도 오랫동안 적시성이 있을 수 있다.

(4) 이해가능성

정보를 명확하고 간결하게 분류하고, 특징 지으며, 표시하면 이해가능하게 된다. 일부 현상은 본질적으로 복잡하여 이해하기 쉽게 할 수 없다. 그 현상에 대한 정보를 재무보고서에서 제외하면 그 재무보고서의 정보를 더 이해하기 쉽게 할 수 있다. 그러나 그 보고서는 불완전하여 잠재적으로 오도할 수 있다. 따라서 아무리 어려운 정보라 하더라도 제외해서는 안 된다.

① 재무보고서는 사업활동과 경제활동에 대해 합리적인 지식이 있고, 부지런히 정보를 검토하고 분석하는 정보이용자를 위해 작성된다.

② 때로는 박식하고 부지런한 정보이용자도 복잡한 경제적 현상에 대한 정보를 이해하기 위해 자문가의 도움을 받는 것이 필요할 수 있다.

보강적 질적 특성의 적용

보강적 질적 특성은 가능한 한 극대화되어야 한다. 그러나 보강적 질적 특성은 정보가 목적적합하지 않거나 나타내고자 하는 바를 충실하게 표현하지 않으면, 개별적으로든 집단적으로든 그 정보를 유용하게 할 수 없다. 보강적 질적 특성을 적용하는 것은 어떤 규정된 순서를 따르지 않는 반복적인 과정이다. 때로는 하나의 보강적 질적 특성이 다른 질적 특성의 극대화를 위해 감소되어야 할 수도 있다.

원가는 재무보고로 제공될 수 있는 정보에 대한 포괄적 제약요인이다. 원가는 다른 재무보고 결정을 제약하는 것처럼 자산이나 부채를 인식할 때 원가가 발생한다. 재무제표작성자는 자산이나 부채의 목적적합한 측정을 위해 원가를 부담한다. 재무제표이용자들도 제공된 정보를 분석하고 해석하기 위해 원가를 부담한다. 재무제표이용자들에게 제공되는 정보의 효익이 그 정보를 제공하고 사용하는 원가를 정당화할 수 있을 경우에 자산이나 부채를 인식한다.

1. 회계감사

회계감사는 회계기준에서 정하는 모든 재무제표에 대하여 회계감사에 관한 자격을 가진 독립된 제3자가 일반적으로 인정된 한국채택국제회계기준에 따라 재무제표가 적정하게 작성되었는가를 감사하는 것을 말한다. 우리나라에서는 공인회계사가 이를 대행하고 있으며, 감사의견에는 적정의견, 한정의견, 부적정의견, 의견거절 등이 있다.

(1) 적정의견(Unqualified Opinion)

재무제표가 한국채택국제회계기준을 준수하여 적정하게 작성되었을 때 표명할 수 있는 의견이다.

(2) 한정의견(Qualified Opinion)

기업회계기준의 위반이나 감사범위의 제한으로 인한 영향이 중요하여 적정의견을 표명할 수는 없지만, 부적정의견이나 의견거절을 표명할 정도로는 중요하지 않고 전반적이지 않은 경우에 표명하는 의견이다.

(3) 부적정의견(Adverse Opinion)

기업회계기준의 위반으로 인한 영향이 특히 중요하고 전반적이어서 한정의견의 표명으로는 재무제표의 오도 또는 왜곡 표시된 내용을 적절히 공시할 수 없는 경우에 표명하는 의견이다.

(4) 의견거절(Disclaimer Opinion)

감사인의 독립성이 결여되어 있거나 감사범위의 제한이 특히 중요하고 전반적이어서 충분하고 적합한 감사증거를 확보할 수 없는 경우에 표명하는 의견이다.

빈칸 채우기로 CHAPTER 마무리

❶ 일반목적재무보고서는 보고기업의 (   )를 보여주기 위해 고안된 것이 아니다. 그러나 그것은 현재 및 잠재적 투자자, 대여자와 그 밖의 채권자가 보고기업의 (   )를 (   ) 하는 데 도움이 되는 정보를 제공한다.

❷ 재무정보가 유용하기 위해서는 목적적합해야 하고 나타내고자 하는 바를 충실하게 표현해야 한다. 재무정보가 (   )하고, (   )하며, (   ) 있고, (   )한 경우 그 재무정보의 유용성은 보강된다.

❸ 목적적합성: 목적적합한 재무정보는 정보이용자의 의사결정에 (   )가 나도록 할 수 있다. 일부 정보이용자가 이를 이용하지 않기로 선택하거나 다른 원천을 통하여 이미 이를 알고 있다고 할지라도 의사결정에 (   )가 나도록 할 수 있다.

❹ 표현충실성: 재무정보가 유용하기 위해서는 목적적합한 현상을 표현하는 것뿐만 아니라 나타내고자 하는 현상을 충실하게 표현해야 한다. 완벽하게 표현충실성을 하기 위해서는 서술에 세 가지의 특성이 있어야 할 것이다. 서술은 (   )하고, (   )이며, (   )가 없어야 한다.

❺ 비교가능성
• 일관성은 비교가능성과 관련은 되어 있지만 동일하지는 않다. (   )은 목표이고 (   ) 은 그 목표를 달성하는 데 도움을 준다.
• 단 하나의 경제적 현상을 충실하게 표현하는 데 여러 방법이 있을 수 있으나 동일한 경제적 현상에 대해 대체적인 회계처리방법을 허용하면 (   )이 감소한다.

❻ 검증가능성: 검증가능성은 정보가 나타내고자 하는 경제적 현상을 충실히 표현하는지를 이용자들이 (   )하는 데 도움을 준다. 검증가능성은 합리적인 판단력이 있고 독립적인 서로 다른 관찰자가 어떤 서술이 표현충실성에 있어, 비록 반드시 완전히 의견이 일치하지는 않더라도, (   )에 이를 수 있다는 것을 의미한다.

❼ 적시성: 의사결정에 영향을 미칠 수 있도록 의사결정자가 정보를 (   )에 이용가능하게 하는 것을 의미한다.

❽ 이해가능성: 정보를 (   )하고 (   )하게 분류하고, (   ) 지으며, 표시하면 이해가능하게 된다.

❾ '개념체계'는 회계기준이 아니다. 따라서 이 '개념체계'의 어떠한 내용도 회계기준이나 회계기준의 요구사항에 (   )하지 아니한다.

❿ 보고기업의 경영진도 해당 기업에 대한 재무정보에 관심이 있다. 그러나 (   )은 필요로 하는 재무정보를 내부에서 구할 수 있기 때문에 일반목적재무보고서에 (   )할 필요가 없다.

정답

① 가치 / 가치 / 추정   ② 비교가능 / 검증가능 / 적시성 / 이해가능   ③ 차이 / 차이   ④ 완전 / 중립적 / 오류
⑤ 비교가능성 / 일관성 / 비교가능성   ⑥ 확인 / 합의   ⑦ 제때   ⑧ 명확 / 간결 / 특징   ⑨ 우선   ⑩ 경영진 / 의존

⑪ 재무보고서는 정확한 (   )보다는 상당 부분 추정, 판단 및 모형에 근거한다. '개념체계'는 그 추정, 판단 및 모형의 기초가 되는 (   )을 정한다.

⑫ 유용한 재무정보의 질적 특성은 재무보고서에 포함된 재무정보에 근거하여 보고기업에 대한 의사결정을 할 때 현재 및 잠재적 투자자, 대여자와 그 밖의 채권자에게 가장 (   )의 유형을 (   )하는 것이다.

⑬ (   )은 개별 기업 재무보고서 관점에서 해당 정보와 관련된 항목의 성격이나 규모 또는 이 둘 다에 근거하여 해당 기업에 (   )의 목적적합성을 의미한다.

⑭ 회계기준위원회는 중요성에 대한 획일적인 계량 (   )를 정하거나 특정한 상황에서 무엇이 중요한 것인지를 미리 (   )할 수 없다.

⑮ 완전한 서술은 필요한 기술과 설명을 포함하여 정보이용자가 서술되는 현상을 이해하는 데 필요한 (   )를 포함하는 것이다.

⑯ (   )은 재무정보의 선택이나 표시에 편의가 없는 것이다. 중립적 서술은 정보이용자가 재무 정보를 유리하게 또는 불리하게 받아들일 가능성을 높이기 위해 편파적이 되거나, 편중되거나, 강조되거나, 경시되거나 그 밖의 방식으로 조작하지 않는다.

⑰ (   )은 모든 면에서 (   )한 것을 의미하지는 않는다. 오류가 없다는 것은 현상의 기술에 오류나 누락이 없고, 보고 정보를 생산하는 데 사용되는 절차의 선택과 적용 시 절차상 오류가 없음을 의미한다.

⑱ 회계감사는 회계기준에서 정하는 모든 재무제표에 대하여 회계감사에 관한 자격을 가진 독립된 제3자가 일반적으로 인정된 한국채택국제회계기준에 따라 재무제표가 적정하게 작성되었는가를 감사하는 것을 말한다. 감사의견에는 (   ), (   ), (   ), (   ) 등이 있다.

⑲ 기업회계기준의 위반이나 감사범위의 제한으로 인한 영향이 중요하여 적정의견을 표명할 수는 없지만, 부적정의견이나 의견거절을 표명할 정도로는 중요하지 않고 전반적이지 않은 경우에 표명하는 의견은 (   )이다.

⑳ 기업회계기준의 위반으로 인한 영향이 특히 중요하고 전반적이어서 한정의견의 표명으로는 재무제표의 오도 또는 왜곡 표시된 내용을 적절히 공시할 수 없는 경우에 표명하는 의견은 (   )이다.

정답

⑪ 서술 / 개념 ⑫ 유용할 정보 / 식별 ⑬ 중요성 / 특유한 측면 ⑭ 임계치 / 결정 ⑮ 모든 정보
⑯ 중립적 서술 ⑰ 표현충실성 / 정확 ⑱ 적정의견 / 한정의견 / 부적정의견 / 의견거절 ⑲ 한정의견
⑳ 부적정의견

CHAPTER
04 자산의 일반이론

▶ **연계학습** | 에듀윌 기본서 1차 [회계원리 上] p.116

CHAPTER 미리보기

01 자산의 정의 및 인식 ★★☆   03 자산의 분류
02 자산의 측정 ★★★

핵심 01 자산의 정의 및 인식 ★★☆

1. 자산의 정의

자산은 과거사건의 결과로 기업이 통제하는 현재의 경제적 자원이다. 경제적 자원은 경제적 효익을 창출할 잠재력을 지닌 권리이다. 자산은 다음과 같이 정의된다.

① 권리는 현금을 수취할 권리, 재화나 용역을 제공받을 권리, 유리한 조건으로 다른 당사자와 경제적 자원을 교환할 권리 등을 말한다.

② 경제적 자원은 경제적 효익을 창출할 잠재력을 지닌 권리이다. 잠재력이 있기 위해 권리가 경제적 효익을 창출할 것이라고 확신하거나 그 가능성이 높아야 하는 것은 아니다.

③ 통제는 경제적 자원을 기업에 결부시킨다. 통제의 존재 여부를 평가하는 것은 기업이 회계처리할 경제적 자원을 식별하는 데 도움이 된다.

2. 자산의 인식

(1) 과거의 거래나 사건의 결과로서 취득되어야 한다.

① 기업의 자산은 과거의 거래나 그 밖의 사건에서 창출된다. 미래에 발생할 것으로 예상되는 거래나 사건 자체만으로는 자산이 창출되지 아니한다. 예를 들면, 재고자산을 구입하고자 하는 의도 그 자체는 자산의 정의를 충족하지 못한다.

② 지출의 발생과 자산의 취득은 밀접하게 관련되어 있으나 양자가 반드시 일치하는 것은 아니다. 관련된 지출이 없더라도 특정 항목이 자산의 정의를 충족하는 것을 배제하지는 않는다. 예를 들어, 자산은 정부가 기업에게 무상으로 부여한 권리 또는 기업이 다른 당사자로부터 증여받은 권리를 포함할 수 있다.

(2) 현재 기업이 통제하고 있어야 한다.

　① 유형자산을 포함한 많은 종류의 자산은 물리적 형태를 가지고 있다. 그러나 자산의 존재를 판단하기 위해 물리적 형태가 필수적인 것은 아니다. 예를 들면, 특허권과 저작권도 미래에 경제적 효익이 창출되어 기업에 귀속되고 기업이 통제한다면 자산이다.

　② 수취채권과 부동산을 포함한 많은 종류의 자산은 소유권 등 법률적 권리와 관련되어 있다. 그러나 소유권이 자산의 존재를 판단함에 있어 필수적인 것은 아니다. 예를 들면, 기업이 리스계약에 따라 점유하고 있는 부동산에서 기대되는 경제적 효익을 통제할 수 있다면 그 부동산은 기업의 자산이다.

(3) 미래의 경제적 효익을 기대할 수 있어야 한다.

자산이 갖는 미래경제적 효익은 직접 또는 간접으로 특정 기업의 미래 현금및현금성자산의 유입에 기여하게 될 잠재력을 말하는데, 여기서 잠재력은 기업의 영업활동의 일부인 생산과 관련될 수 있다. 또한 현금및현금성자산으로의 전환 능력의 형태이거나 대체적인 제조과정의 도입으로 생산원가가 절감되는 경우와 같이 현금유출을 감소시키는 능력일 수도 있다.

(4) 자산의 금액을 신뢰성 있게 측정 가능하여야 한다.

재무제표를 작성하기 위해서는 다양한 방법의 측정기준이 사용되며, 측정기준이 변경되면 회계정책의 변경으로 본다. 또한 추정이 불가능한 항목은 재무상태표나 포괄손익계산서에 인식될 수 없다.

핵심 02 　자산의 측정 ★★★

재무제표에 인식된 요소들은 화폐단위로 수량화되어 있다. 이를 위해 자산의 금액을 측정해야 한다. 측정기준은 역사적 원가, 공정가치 또는 이행가치 등 다양한 방법이 있다.

▶ 자산측정(평가)의 기준

시장 ＼ 가격	과거가치	현행가치
유입가치	역사적(취득) 원가	현행원가
유출가치	–	공정가치, 사용가치, 이행가치

1. 역사적 원가(취득원가)

① 자산을 취득하거나 창출할 때의 역사적 원가는 자산의 취득 또는 창출에 발생한 원가의 가치로서, 자산을 취득 또는 창출하기 위하여 지급한 대가와 거래원가를 포함한다.

② 부채가 발생하거나 인수할 때의 역사적 원가는 발생시키거나 인수하면서 수취한 대가에서 거래원가를 차감한 가치이다.

③ 현행가치와 달리 역사적 원가는 자산의 손상이나 손실부담에 따른 부채와 관련되는 변동을 제외하고는 가치의 변동을 반영하지 않는다.

2. 현행가치

현행가치는 측정일의 조건을 반영하기 위해 갱신된 정보를 사용하여 자산, 부채 및 관련 수익과 비용의 화폐적 정보를 제공한다. 이러한 갱신에 따라 자산과 부채의 현행가치는 이전 측정일 이후의 변동을 반영한다.

(1) 공정가치

공정가치는 측정일에 시장참여자 사이의 정상거래에서 자산을 매도할 때 받거나 부채를 이전할 때 지급하게 될 가격이다.

(2) 자산의 사용가치 및 부채의 이행가치

① 사용가치는 기업이 자산의 사용과 궁극적인 처분으로 얻을 것으로 기대하는 현금흐름 또는 그 밖의 경제적 효익의 현재가치이다. 그러므로 예측가치를 가질 수 있다.

② 이행가치는 기업이 부채를 이행할 때 이전해야 하는 현금이나 그 밖의 경제적 자원의 현재가치이다. 또한 예측가치를 가질 수 있다.

③ 사용가치와 이행가치는 미래현금흐름에 기초하기 때문에 자산을 취득하거나 부채를 인수할 때 발생하는 거래원가는 포함하지 않는다.

(3) 현행원가

현행원가는 동일하거나 동등한 경제적 효익을 가진 자산을 현재 시점에서 취득할 경우에 지급해야 할 현금및현금성자산의 금액이다.

① 자산의 현행원가는 측정일 현재 동등한 자산의 원가로서 측정일에 지급할 대가와 그 날에 발생할 거래원가를 포함한다.

② 부채의 현행원가는 측정일 현재 동등한 부채에 대해 수취할 수 있는 대가에서 그 날에 발생할 거래원가를 차감한다.

③ 현행원가는 역사적 원가와 마찬가지로 유입가치이다. 이는 기업이 자산을 취득하거나 부채를 발생시킬 시장에서의 가격을 반영한다.

④ **장점**

ⓐ 현행수익에 현행원가가 대응되어 수익과 비용의 대응이 이루어진다.

ⓑ 보유손익과 영업손익의 구분이 가능하여 재무성과를 적절히 평가할 수 있다.

ⓒ 미래현금흐름을 예측하는 데 보다 유용한 정보를 제공하며 비교가능성이 높아진다.

⑤ **단점**

ⓐ 현행가치의 판단이 주관적이므로 신뢰성이 저하된다.

ⓑ 자의성이 개입되어 이익조작 가능성이 높다.

ⓒ 특수한 자산의 경우에는 현행원가를 구하는 것이 불가능하거나 어렵다.

| 핵심암기법 | **현행가치: 공사이행** ⇨ **공**정가치, **사**용가치, **이**행가치, 현**행** 원가 |

구분	역사적 원가	현행원가
장점	• 객관적이며 검증가능, 신뢰성 높음 • 측정 용이, 실현주의 부합	• 공정가치 반영, 목적적합성 높음 • 수익·비용 대응이 합리적
단점	• 보유손익과 영업손익이 구분 불가능 • 수익·비용 대응이 비합리적	• 주관성 개입, 신뢰성 저하 • 이익조작 가능성 높음

핵심 03 자산의 분류

1. 자산의 분류

한국채택국제회계기준에서는 유동성 순서에 따른 표시방법이 신뢰성 있고 더욱 목적적합한 정보를 제공하는 경우를 제외하고는 유동·비유동 구분법에 따라 유동자산과 비유동자산, 유동부채와 비유동부채로 재무상태표에 구분하여 표시한다.

(1) 유동성 순서에 따른 표시방법을 적용할 경우 모든 자산과 부채는 유동성의 순서에 따라 표시한다.

(2) 다음의 경우 유동자산으로 분류하고, 그 밖의 모든 자산은 비유동자산으로 분류한다.

① 기업의 정상영업주기 내에 실현될 것으로 예상하거나, 정상영업주기 내에 판매하거나 소비할 의도가 있다.

② 주로 단기매매 목적으로 보유하고 있다.

③ 보고기간 후 12개월 이내에 실현될 것으로 예상한다.

④ 현금및현금성자산으로서, 교환이나 부채 상환 목적으로의 사용에 대한 제한기간이 보고기간 후 12개월 이상이 아니다.

참고　　**정상영업주기**

• 영업활동을 위한 자산의 취득시점부터 그 자산이 현금및현금성자산으로 실현되는 시점까지 소요되는 평균기간으로, 대부분의 영업주기는 12개월 이내이다.
• 정상영업주기를 명확히 식별할 수 없는 경우에는 그 기간이 12개월인 것으로 가정한다.
• 정상영업주기
　현금 ⇨ 원재료·노무비·제조간접비 ⇨ 재고자산 ⇨ 매출채권 ⇨ 현금

---

2. 금융자산과 비금융자산

금융자산(金融資産, Financial Asset)은 현금 또는 일정한 현금을 받을 권리인 현금청구권(화폐청구권)을 의미한다.

참고　　**계약으로부터 발생하는 권리와 의무가 아닌 경우에는 금융자산에서 제외함**

• 실물자산(토지, 건물, 상품 등)
• 일정한 용역으로 결제되는 청구권(선급금, 선급비용 등)
• 법적인 권리와 의무(미지급법인세 등)
• 의제의무와 권리(충당부채 등)

---

3. 화폐성자산과 비화폐성자산

일정 화폐액으로 그 가치가 표시될 수 있는 항목으로서 기간이 경과하거나 화폐가치가 변동하더라도 자산의 가치가 변화하지 않는 정액의 화폐액으로 확정된 경우에 화폐성자산이라고 하고, 그렇지 않은 자산을 비화폐성자산이라고 한다.

빈칸 채우기로 CHAPTER 마무리

❶ 자산은 과거사건의 결과로 기업이 통제하는 현재의 (   )이다.

❷ (   )은 경제적 효익을 창출할 (   )을 지닌 권리이다. 잠재력이 있기 위해 권리가 경제적 효익을 창출할 것이라고 확신하거나 그 (   )이 높아야 하는 것은 아니다.

❸ 기업의 자산은 과거의 거래나 그 밖의 사건에서 창출된다. (   )에 발생할 것으로 예상되는 (   ) 자체만으로는 자산이 창출되지 아니한다.

❹ 지출의 발생과 자산의 (   )은 밀접하게 관련되어 있으나 반드시 일치하는 것은 아니다. 관련된 지출이 없더라도 특정 항목이 자산의 (   )를 충족한다.

❺ 유형자산을 포함한 많은 종류의 자산은 (   )를 가지고 있다. 그러나 자산의 존재를 판단하기 위해 물리적 형태가 (   )적인 것은 아니다.

❻ 많은 종류의 자산은 (   ) 등 법률적 권리와 관련되어 있다. 그러나 소유권이 자산의 존재를 판단함에 있어 (   )적인 것은 아니다.

❼ 자산을 취득하거나 창출할 때의 (   ) 원가는 자산의 취득 또는 창출에 발생한 원가의 가치로서, 자산을 취득 또는 창출하기 위하여 지급한 대가와 거래원가를 포함한다.

❽ (   )는 측정일에 시장참여자 사이의 정상거래에서 자산을 매도할 때 받거나 부채를 이전할 때 지급하게 될 가격이다.

❾ (   )는 기업이 자산의 사용과 궁극적인 처분으로 얻을 것으로 기대하는 현금흐름 또는 그 밖의 경제적 효익의 현재가치이다.

❿ (   )는 기업이 부채를 이행할 때 이전해야 하는 현금이나 그 밖의 경제적 자원의 현재가치이다.

⓫ 사용가치와 이행가치는 미래현금흐름에 기초하기 때문에 자산을 취득하거나 부채를 인수할 때 발생하는 (   )는 포함하지 않는다.

⓬ (   )는 동일하거나 동등한 경제적 효익을 가진 자산을 현재 시점에서 취득할 경우에 지급해야 할 현금및현금성자산의 금액이다.

⓭ 한국채택국제회계기준에서는 자산을 유동성 순서에 따른 표시방법이 (   ) 있고 더욱 (   )한 정보를 제공하는 경우를 제외하고는 유동·비유동 구분법에 따라 구분한다.

▶ **연계학습** | 에듀윌 기본서 1차 [회계원리 上] p.134   회독체크 ①②③

CHAPTER 미리보기

01 금융상품 ★★★   04 어음할인 ★★☆
02 현금및현금성자산 ★★★   05 매출채권의 손상(대손)회계 ★★☆
03 은행계정조정표 ★★★   06 기타 채권과 채무

핵심 01   **금융상품 ★★★**

1. 금융상품의 의의

금융상품은 거래당사자 어느 한쪽에게는 금융자산이 생기게 하고 동시에 거래상대방에게 금융부채나 지분상품이 생기게 하는 모든 계약을 말한다.

① **금융자산**: 현금이나 현금을 받을 권리

② **금융부채**: 현금이나 현금성 자산으로 지급하기로 한 계약상 의무

> **참고**   **계약**
>
> 계약은 명확한 경제적 결과를 가지고 있고 법적 구속력이 있기 때문에 당사자가 그러한 경제적 결과를 자의적으로 회피할 여지가 적은 둘 이상의 당사자간 합의를 말한다.

2. 금융자산의 의의

금융자산(金融資産, Financial Asset)은 현금 또는 일정한 현금을 받을 권리인 현금청구권(화폐청구권)(예 예금, 대여금, 매출채권, 지분상품, 채무상품 등)을 의미한다.

① 현금 및 현금성자산

② 대여금 및 수취채권

③ **타 기업이 발행한 주식이나 사채**(채권)

　　㉠ 당기손익－공정가치 측정 금융자산(FVPL 금융자산)

　　㉡ 기타포괄손익－공정가치 측정 금융자산(FVOCI 금융자산)

　　㉢ 상각 후 원가 측정 금융자산(AC 금융자산)

3. 금융자산의 분류

금융자산의 분류는 다음 두 가지 사항 모두에 근거하여 측정한다.

① 금융자산의 관리를 위한 사업모형(보유목적, 기업의도 등)

② 금융자산의 계약상 현금흐름 특성(원리금으로 구성)

> 금융자산은 특정 조건을 충족하여 더 목적적합한 정보를 제공할 수 있는 경우에는 다른 항목으로 지정 (선택)할 수 있다고 규정하고 있다. 다만, 한번 지정하면 취소할 수 없다.

4. 금융상품에서 제외되는 경우

① 일정한 용역을 제공하거나 제공받거나, 또는 비화폐성 항목을 주거나 받기로 하는 것은 금융상품의 범주에 해당하지 않는다(예 선급금, 선급비용, 선수금, 선수수익 등).

② 계약상 권리와 의무가 아닌 법적 권리와 의무에서 발생하는 세금 등(예 미지급법 인세 및 환급금 등)

③ 의제권리와 의무에서 발생하는 충당부채

④ 실물자산(예 재고자산, 무형자산, 유형자산, 투자부동산 등)

▶ 금융자산과 금융부채

구분	자산	부채
금융항목	현금및현금성자산, 매출채권, 대여금, 미수금, 미수수익, 지분상품 및 채무상품 등	매입채무, 미지급금, 차입금, 미지급 비용, 사채 등
비금융항목	유형자산, 무형자산, 투자부동산, 재고자산, 생물자산, 이연법인세자산, 선급금, 선급비용	이연법인세부채, 선수금, 선수수익, 미지급법인세, 충당부채

❍ 금융상품은 법적 형식이 아니라 실질에 따라 재무상태표에 분류되어야 한다.

핵심암기법 **비금융상품: 선세충실** ⇨ **선** 급·선수, **세** 금(법인세, 소득세 등), **충** 당부채, **실** 물자산

5. 금융부채

금융부채(Financial Liability)는 거래상대방에게 금융자산을 인도하기로 한 계약상의 의무(특별한 경우 자기지분상품을 인도하기로 한 계약상의 의무를 포함)이다. 금융부채의 구체적인 내용은 다음과 같다.

① 금융자산을 인도하기로 한 계약상의 의무

　　㉠ 거래상대방에게 현금 등 금융자산을 인도하기로 한 계약상 의무

　　㉡ 잠재적으로 불리한 조건으로 거래상대방과 금융자산이나 금융부채를 교환하
　　　기로 한 계약상 의무

② 자기지분상품을 인도함으로써 결제되거나 결제될 수 있는 계약

핵심 02 　현금및현금성자산 ★★★

현금및현금성자산은 통화 및 통화대용증권과 당좌예금·보통예금 및 현금성자산을 통합한 계정인데, 여기서 현금성자산은 취득 당시 만기 또는 상환일이 3개월 이내에 도래하는 것이다.

그러나 사용이 제한되어 있는 현금과 예금은 현금및현금성자산에 포함하지 않고, 1년 이내의 경우 단기금융자산, 1년 이상의 경우 장기금융자산으로 대여금 및 수취채권에 포함한다.

현금및현금성자산의 분류

- 현금: 통화와 통화대용증권
- 당좌예금, 보통예금
- 현금성자산 ─ 취득 시 만기 3개월 이내인 양도성예금증서(CD), 어음관리구좌(CMA) 등
　　　　　　─ 취득 시 만기 3개월 이내인 사채, 상환우선주
　　　　　　─ 3개월 이내에 환매조건으로 취득한 환매채, 초단기수익증권(MMF)

참고　현금

- **통화**: 지폐, 주화
- **통화대용증권**: 타인(동점)발행수표, 자기앞수표, 송금수표, 가계수표, 우편환·전신환증서, 만기가 도래한 공사채의 이자표, 주식배당영수증, 만기가 도래한 어음 등

회계상 현금으로 취급할 수 없는 것

- 선일자수표
- 부도수표
- 부도어음
- 당좌차월(단기차입금으로 표시)
- 가불금
- 차용증서
- 만기 전 약속어음
- 우표나 수입인지
- 당좌개설보증금
- 정기예금

1. 당좌예금

예금의 종류에는 당좌예금, 보통예금, 정기예금, 정기적금, 별단예금 등 여러 가지가 있으나, 당좌예금은 그중에서 가장 대표적인 형태의 예금이다. 그리고 현금및현금성 자산으로 분류되는 예금은 당좌예금과 보통예금이며, 나머지 예금은 현금및현금성 자산으로 분류되지 않는다. 인출은 반드시 당좌수표를 발행하여야 하는 예금이며, 은행에 현금 등을 예입하면 당좌예금계정 차변에 증가하고, 당좌수표를 발행하면 대변에 감소한다.

예입하면	(차)당 좌 예 금　×××　　　(대)현　　　　　금　×××
인출하면	(차)현　　　　　금　×××　　　(대)당 좌 예 금　×××

2. 당좌차월

당좌예금의 인출은 당좌예금 잔액의 범위 내에서 행해지는데, 만일 그 이상으로 수표를 발행하면 부도수표로서 은행이 그 지급을 거절하게 된다. 그러나 은행과 미리 당좌차월계약을 체결, 근저당을 설정하면 일정한 기간과 일정한 한도액 내에서는 당좌예금 잔액을 초과하여 수표를 발행하여도 은행이 그 대금을 지급하게 되는데, 이를 당좌차월계약이라고 한다. 당좌차월은 은행으로부터의 차입금 성격으로 재무상태표에는 단기차입금으로 분류하고 그에 대한 이자비용(당좌차월이자)이 발생한다.

당좌예금 잔액을 초과하여 수표를 발행하면	(차)상　　　　　품　×××　　　(대)당 좌 예 금　××× 　　　　　　　　　　　　　　당 좌 차 월　×××
당좌차월 잔액이 있는 경우 예입하면	(차)당 좌 차 월　×××　　　(대)현　　　　　금　××× 　　　당 좌 예 금　×××

핵심 03　**은행계정조정표** ★★★

회사 측의 당좌예금 계정잔액과 은행 측의 당좌예금 잔액은 반드시 일치해야 하지만, 특정 시점에서 살펴볼 때 양측의 잔액은 다음과 같은 원인 때문에 일치하지 않는다. 이 경우에 장부 정리가 미달된 측에서 정리하여 수시로 작성되는 표가 은행계정조정표이다.

1. 은행 측 원인

(1) 발행수표 미지급(미인출수표): 은행 측에서 차감

(2) 예입 미기입(차일 입금, 마감 후 입금): 은행 측에 가산

(3) 은행 측 장부기입의 오류: 과소 예입액은 가산하고, 과대 예입액은 차감

2. 회사 측 원인

(1) 통지미달(기장누락)

　① **입금 통지미달**(어음대금 추심, 이자수익, 외상대금 입금): 회사 측에 가산

　② **출금 통지미달**(어음 결제, 차월 이자, 수수료 차감 등): 회사 측에서 차감

(2) 회사 측 장부기입의 오류: 과소 예입액은 가산하고, 과대 예입액은 차감

핵심 04　**어음할인** ★★☆

받을어음을 만기일 이전에 금융기관에 배서양도(할인)하고 자금을 융통하는 수단을 어음의 할인(Discount on Note Receivable)이라고 한다. 할인에 대한 실수금의 계산은 다음 순서에 따라서 계산한다.

- 만 기 수 취 할 금 액:　– 무이자부어음: 액면금액
  　　　　　　　　　　　– 이자부어음: 액면금액 + 만기일까지의 이자
- 할　　인　　료:　만기 수취금액 × 할인율 × 할인기간
- 현금수령액(실수금):　만기 수취금액 – 할인료
  　　　　　　　　　　(만기 수취금액 × 할인율 × 할인기간)
- 어음의 장부금액:　액면금액 + 보유기간의 이자수익 발생액
- 금융자산처분손실:　할인시점의 장부금액 – 현금수령액(실수금)

어음할인에 따른 회계처리는 양도조건을 충족하는 경우 매각거래로 처리하고, 충족시키지 않는 경우에는 담보로 제공한 것으로 보아 차입거래로 처리한다.

핵심 05　**매출채권의 손상**(대손)**회계** ★★☆

1. 의의

채무자가 파산하여 지급능력이 악화되어 매출채권 등 수취채권의 회수가 불가능하게 되는 경우가 있는데, 이렇게 회수가 불가능하게 된 수취채권을 손상(損傷) 또는 대손(貸損)이라고 한다. 회계처리방법은 보고기말 채무자의 유의적인 신용위험을 고려하여 기대신용손실을 추정하여 손상차손(당기비용)으로 인식하고 그 금액을 손실충당금(Loss Allowance)으로 처리하여 당해 매출채권의 차감계정으로 인식한다.

2. 신용손실

계약에 따라 지급받기로 한 모든 계약상 현금흐름과 수취할 것으로 예상하는 모든 계약상 현금흐름의 차이(모든 현금 부족액)를 최초 유효이자율로 할인한 금액으로, 금융자산의 추정미래현금흐름에 악영향을 미치는 하나 이상의 사건이 생긴 경우에 해당 금융자산의 신용이 손상된 것이다.

① 발행자나 차입자의 유의적인 재무적 어려움

② 채무불이행이나 연체 같은 계약 위반

③ 차입자의 재무적 어려움에 관련된 경제적이나 계약상 이유로 당초 차입조건의 불가피한 완화

④ 차입자의 파산 가능성이 높아지거나 그 밖의 재무구조조정 가능성이 높아짐

⑤ 재무적 어려움으로 해당 금융자산에 대한 활성시장의 소멸

⑥ 이미 발생한 신용손실을 반영하여 크게 할인한 가격으로 금융자산을 매입하거나 창출하는 경우

3. 기대신용손실 모형

금융자산의 발행자(또는 채무자)의 신용위험(Credit Risk)이 증가함으로써 금융자산의 계약상 미래현금흐름(원금과 이자)에 대한 회수가능성이 감소하게 되는데, 이러한 손상대상 금융자산은 계약에 의한 미래현금흐름이 발생하는 채무상품과 대여금 및 수취채권이다. 기대신용손실(ECL)은 금융상품의 기대존속기간에 걸친 신용손실(현금 부족액의 현재가치)의 확률가중추정치이다.

4. 기대신용손실의 측정

기대신용손실을 측정할 때 가능한 시나리오를 모두 고려할 필요는 없다. 그러나 신용손실의 발생 가능성이 매우 낮더라도 신용손실이 발생할 가능성과 발생하지 아니할 가능성을 반영하여 신용손실이 발생할 위험이나 확률을 고려한다.

① 최초인식 후에 금융상품의 신용위험이 유의적으로 증가한 경우에는 매 보고기간 말에 전체기간 기대신용손실에 해당하는 금액을 손실충당금으로 측정한다.

② 최초인식 후에 금융상품의 신용위험이 유의적으로 증가하지 아니한 경우에는 보고기간 말에 12개월 기대신용손실에 해당하는 금액을 손실충당금으로 측정한다.

③ 매 보고기간 말에 전체기간 기대신용손실의 변동액을 손상차손(환입)으로 당기손익에 인식한다. 전체기간 기대신용손실이 최초인식시점의 추정 현금흐름에 포함되었던 기대신용손실액보다 작다 하더라도 전체기간 기대신용손실의 유리한 변

동을 손상환입으로 인식한다.

④ 취득 시 신용이 손상되어 있는 금융자산은 보고기간 말에 최초인식 이후 전체기간 기대신용손실의 누적변동분만을 손실충당금으로 인식한다.

기대신용손실 측정 시 반영할 사항

- 일정 범위의 발생 가능한 결과를 평가하여 산정한 금액으로서 편의가 없고 확률로 가중한 금액
- 화폐의 시간가치
- 보고기간 말에 과거사건, 현재 상황과 미래경제적 상황의 예측에 대한 정보로서 합리적이고 뒷받침될 수 있으며 과도한 원가나 노력 없이 이용할 수 있는 정보

▶ **전체기간 기대신용손실과 12개월 기대신용손실의 개념**

전체기간 기대신용손실	금융상품의 기대존속기간에 발생할 수 있는 모든 채무불이행 사건에 따른 기대신용손실
12개월 기대신용손실	보고기간말 이후 12개월 내에 발생 가능한 금융상품의 채무불이행 사건으로 인한 기대신용손실을 나타내는, 전체기간 기대신용손실의 일부

핵심암기법   기대신용손실: 내가 위험하면 전체기간, 아니면 12개월

5. 회계처리

(1) 보고기간 말의 손상(대손)추정 시

① 손상추정액 120 > 손실충당금 잔액 100(차액보충법)

(차)손　상　차　손	20	(대)손　실　충　당　금	20

② 손상추정액 100 < 손실충당금 잔액 150

(차)손　실　충　당　금	50	(대)손　상　차　손　환　입	50

(2) 거래처의 신용손실(손상확정)이 발생한 경우

매출채권이 회수불능되면 당해 자산을 대변으로 제거하고 손실충당금으로 보전하며, 손실충당금 잔액이 부족한 경우 차액은 손상차손으로 처리하여 당기비용으로 인식한다.

(차)손　실　충　당　금	80	(대)매　출　채　권	100
손　상　차　손	20		

(3) 손상처리(대손)한 매출채권을 현금으로 회수 시

손상처리된 매출채권을 현금으로 회수 시 손실충당금을 증가시킨다.

(차) 현	금	10	(대) 손 실 충 당 금		10

핵심 06 기타 채권과 채무

1. 단기대여금과 단기차입금

차용증서나 어음 등을 받고 타인에게 현금을 대여한 경우에는 단기대여금계정으로 처리하고, 현금을 차입한 경우에는 단기차입금계정으로 처리한다.

보고기간 후 만기가 12개월 이내인 경우에는 단기대여금(유동자산)과 단기차입금(유동부채)으로 구분하고, 상환기간이 12개월 이후에 도래하는 것은 비유동자산과 비유동부채로 분류한다.

2. 미수금과 미지급금

기업의 주된 영업활동(상품매매거래)에서 발생하는 채권·채무에 대해서는 매출채권계정과 매입채무계정을 사용하지만, 이외의 거래에서 발생하는 채권·채무에 대해서는 미수금 및 미지급금계정을 사용한다. 보고기간 후 상환기간이 12개월 이내에 도래하는 것은 유동자산과 유동부채로 분류하고, 12개월 이후에 도래하는 것은 비유동자산과 비유동부채로 분류한다.

3. 선급금과 선수금

상품 등을 매입하기 위하여 매입 대금의 일부를 계약금으로 지급한 것으로, 보고기간 후 12개월 이내에 상품 등을 인수하기로 약정한 것은 유동자산으로 분류하고, 12개월 이후에 인수하기로 약정한 것은 비유동자산으로 분류한다.

(1) 계약금(착수금) 지급 시

상품 등을 매입하기로 주문하고 대금의 일부를 미리 지급하는 경우에는 선급금계정 차변에 기입한다.

(차) 선	급	금	×××	(대) 현	금	×××

(2) 상품 매입 시

주문했던 상품을 매입하면 선급금이 대변으로 감소한다.

(차)상 품	×××	(대)선 급 금	×××
		외 상 매 입 금	×××

(3) 계약금(착수금) 수취 시

상품 등을 매출하기로 주문받고 대금의 일부를 미리 받은 경우에는 선수금 또는 계약부채계정 대변에 기입한다.

(차)현 금	×××	(대)선 수 금 (계 약 부 채)	×××

(4) 상품 매출 시

주문받은 상품을 매출하면, 선수금계정 차변에 대체한다.

(차)선 수 금 (계 약 부 채)	×××	(대)상 품	×××
매 출 채 권	×××		

4. 선대금과 예수금

종업원의 급료가불액은 선대금(또는 종업원단기대여금)계정에 기입하였다가 재무상태표에 단기대여금에 포함하여 기입하거나 곧바로 단기대여금으로 기입한다. 종업원의 급료에서 원천징수한 소득세, 건강보험료, 국민연금, 조합비 등은 개별적으로 구분하여 기입하거나 제예수금계정으로 통합하여 기입한다.

5. 가지급금과 가수금

현금을 실제로 주고받았으나 거래가 완결되지 않았고, 계정과목 또는 금액이 확정되지 않았을 경우 설정되는 가계정 또는 임시계정이다. 가지급금은 현금이 지급되었지만 계정과목이나 금액을 확정할 수 없을 때 일시적으로 처리하는 가계정이며, 사원의 출장으로 인한 여비의 개산액 등이 있다. 가수금은 현금을 받았지만 계정과목이나 금액을 확정할 수 없어 일시적으로 처리하는 가계정이며, 출장 간 사원이 내용불명의 현금을 송금해온 경우 등이 있다. 또한 이들 계정은 그 내용이 확정되지 않아 재무제표에 자산과 부채로 인식할 수 없으며, 그 내용을 나타내는 과목으로 적절히 정리하여 표시하여야 한다.

6. 미결산계정

미결산계정은 거래는 발생하였으나 이를 처리할 계정과목이나 금액이 확정되지 않은 경우 처리하는 가계정이며, 화재, 천재지변, 손해배상 및 소송(분쟁)사건, 종업원의 공금횡령 등이 있다. 미결산은 가계정이기 때문에 재무제표에는 표시할 수 없고 내용이 확정되면 즉시 해당계정에 대체하여야 한다.

7. 상품권선수금계정

고객으로부터 현금을 받고, 그 금액에 상당하는 상품을 인도하겠다는 약속으로 발행하는 증서를 상품권이라 한다. 상품권을 발행하면 상품권선수금계정 대변에 기입하였다가, 상품권과 교환하여 상품을 인도하면 상품권선수금계정 차변에 기입한다.

상품권을 할인발행할 때에는 할인액을 상품권할인액계정 차변에 기입하고, 상품을 인도하였을 때에는 매출에누리로서 매출계정 차변과 상품권할인액계정 대변에 기입한다.

8. 부가가치세

부가가치세(VAT; Value Added Tax)는 사업자가 일정 기간 동안 재화나 용역의 유통과정에서 창출한 부가가치를 대상으로 부과되는 세금으로, 매입 시에는 부가가치세대급금(매입세액)계정으로, 매출 시에는 부가가치세예수금(매출세액)계정으로 회계처리한다.

$$부가가치세\ 산출세액 = 매출세액 - 매입세액 = (매출액 - 매입액) \times 10\%$$

빈칸 채우기로 CHAPTER 마무리

❶ 기대신용손실의 측정: 기대신용손실을 측정할 때 가능한 시나리오를 모두 고려할 필요가 (   ).
그러나 신용손실의 발생 가능성이 매우 낮더라도 신용손실이 발생할 가능성과 발생하지 아니할 가능성을 반영하여 신용손실이 발생할 (   )이나 (   )을 고려한다.
• 최초인식 후에 금융상품의 신용위험이 유의적으로 증가한 경우에는 매 보고기간 말에 (   )
에 해당하는 금액을 손실충당금으로 측정한다.
• 최초인식 후에 금융상품의 신용위험이 유의적으로 증가하지 아니한 경우에는 보고기간 말에 (   )
에 해당하는 금액을 손실충당금으로 측정한다.

❷ 금융상품은 거래당사자 어느 한쪽에게는 (   )이 생기게 하고 동시에 거래상대방에게
(   )나 지분상품이 생기게 하는 모든 (   )을 말한다.

❸ 현금및현금성자산은 통화 및 통화대용증권과 당좌예금·보통예금 및 현금성자산을 통합한 계정인데, 여기서 현금성자산은 취득 당시 만기 또는 상환일이 (   ) 이내에 도래하는 것이다.

정답
① 없다 / 위험 / 확률 / 전체기간 기대신용손실 / 12개월 기대신용손실   ② 금융자산 / 금융부채 / 계약   ③ 3개월

▶ **연계학습** | 에듀윌 기본서 1차 [회계원리 上] p.193　　　　　　　　회독체크 [1] [2] [3]

CHAPTER 미리보기

01 당기손익-공정가치 측정 금융자산
(FVPL 금융자산) ★★★

02 기타포괄손익-공정가치 측정 금융자산
(FVOCI 금융자산) ★★☆

03 상각 후 원가 측정 금융자산(AC 금융자산) ★★☆

04 금융자산의 손상

05 금융자산의 재분류

06 관계기업투자

핵심 01　　**당기손익-공정가치 측정 금융자산**(FVPL 금융자산) ★★★

1. 의의

당기손익-공정가치 측정 금융자산(FVPL 금융자산)은 상각 후 원가 측정 금융자산
(AC 금융자산)과 기타포괄손익-공정가치 측정 금융자산(FVOCI 금융자산)으로 분류
되지 않는 경우의 금융자산을 말한다.

2. 분류

(1) 당기손익-공정가치 측정 금융자산

① 투자지분상품(주식)은 원리금 회수개념 자체가 없으므로 사업모형과 계약상 현금흐
름의 특성을 고려할 필요가 없다. 즉, 투자지분상품(주식)은 미래현금흐름이 정해져
있지 않기 때문에 당기손익-공정가치 측정 금융자산(FVPL 금융자산)으로 분류한다.

② 투자채무상품(사채 등)은 계약상 현금흐름의 특성이 원리금으로만 구성된 것이고,
사업모형은 기업의도가 매도인 경우 당기손익-공정가치 측정 금융자산(FVPL 금
융자산)으로 분류한다.

> **참고** **손익의 구분**
>
> 공정가치로 측정하는 금융자산이나 금융부채의 손익은 당기손익으로 인식한다. 기타포괄손익-공정가
> 치 측정 금융자산의 손익은 해당 금융자산을 제거하거나 재분류할 때까지 기타포괄손익으로 인식한
> 다. 금융자산을 제거할 때에는 인식한 기타포괄손익누계액을 재분류조정으로 자본에서 당기손익으
> 로 재분류한다. 그러나 투자지분상품(주식)의 경우 당기손익으로 재분류조정하지 않는다.

(2) 당기손익－공정가치 측정 지정(선택) 금융자산

금융자산을 보유하고 있는 동안 서로 다른 기준에 따라 자산이나 부채를 측정하거나 그에 따른 손익을 인식하는 경우에 측정이나 인식의 불일치('회계불일치'라 말하기도 한다)가 발생할 수 있다. 이와 같은 불일치를 제거하거나 유의적으로 줄이는 경우에는 최초인식시점에 해당 금융자산(AC 금융자산, FVOCI 금융자산)을 당기손익－공정가치 측정 항목으로 지정할 수 있다. 다만, 한번 지정하면 이를 취소할 수 없다.

3. 최초인식(취득)과 후속측정(평가)

(1) 최초인식(취득)

금융자산이나 금융부채는 금융상품의 계약당사자가 되는 때에만 재무상태표에 인식한다. 금융자산의 취득원가는 취득시점의 공정가치로 측정하고, 취득과 관련하여 발생한 거래원가(거래수수료, 증권거래세 등)는 금융자산의 원가에 포함하지 않고 당기의 비용으로 처리한다.

구분	당기손익－공정가치 측정 금융자산인 경우	당기손익－공정가치 측정 금융자산이 아닌 경우
금융자산	공정가치(거래원가는 당기비용으로 처리)	공정가치 ＋ 거래원가
금융부채	공정가치(거래원가는 당기비용으로 처리)	공정가치 － 거래원가

(2) 후속측정(평가)

당기손익－공정가치 측정 금융자산은 공정가치로 측정하여 재무상태표에 표시하고, 공정가치의 변동에 의한 평가손익은 당기손익에 반영한다. 공정가치의 최선의 추정치는 활성거래시장에서 공시되는 가격이다. 공정가치는 금융자산의 매도 등에서 발생하는 거래원가를 차감하지 않은 금액으로 한다.

4. 처분

당기손익－공정가치 측정 금융자산을 처분하면 원칙적으로 제거일의 장부금액을 공정가치로 측정한 후 제거일의 금융자산의 장부금액(공정가치)과 처분금액의 차액을 FVPL 금융자산처분손익으로 당기손익에 반영한다. 그러나 당기손익－공정가치 측정 금융자산은 평가손익이나 처분손익 둘 다 당기손익에 반영하므로 즉시 처분손익을 인식할 수 있다.

FVPL 금융자산처분손익(당기손익) ＝ 처분금액(비용 차감 후) － 장부금액(공정가치)

기타포괄손익−공정가치 측정 금융자산(FVOCI 금융자산) ★★☆

1. 의의

기타포괄손익−공정가치 측정 금융자산(FVOCI 금융자산)은 투자채무상품(사채)이 계약상 현금흐름의 수취와 금융자산의 매도 둘 다를 통해 사업목적을 이루는 사업모형에서 보유하는 금융자산이다.

2. 분류

① 채무상품(사채)의 경우 다음을 모두 충족한다면 기타포괄손익−공정가치로 측정한다.
    ㉠ 계약상 현금흐름의 수취와 금융자산의 매도 둘 다를 통해 목적을 이루는 사업모형하에서 금융자산을 보유한다.
    ㉡ 금융자산의 계약 조건에 따라 특정일에 원리금 지급만으로 구성되어 있는 현금흐름이 발생한다.
② 지분상품(주식)의 경우 당기손익−공정가치로 측정되는 '지분상품에 대한 특정투자'에 대하여는 후속적인 공정가치 변동을 기타포괄손익으로 표시하도록 최초인식시점에 선택할 수도 있다. 다만, 한번 선택하면 이를 취소할 수 없다.

3. 최초인식(취득) 및 후속측정(평가)

(1) 최초인식(취득)

기타포괄손익−공정가치 측정 금융자산(FVOCI 금융자산)의 최초인식은 공정가치로 측정하여 인식한다. 취득과 직접 관련된 거래원가는 최초인식하는 공정가치에 가산하여 측정한다.

(2) 후속측정(평가)

① 투자채무상품(사채)은 유효이자율법을 적용하여 상각 후 원가로 측정한 후 상각후 원가와 공정가치가 다르면 다시 공정가치로 평가한다. 이때 공정가치의 변동액은 기타포괄손익으로 자본으로 인식하고 금융자산을 제거할 때 인식한 기타포괄손익누계액을 재분류조정으로 자본에서 당기손익으로 재분류한다.
② 투자지분상품(주식)은 보고기말 공정가치로 평가하고 공정가치의 변동액은 기타포괄손익으로 자본으로 인식한다. 또한 금융자산을 제거할 때 인식한 기타포괄손익누계액은 기타포괄손익에 영향을 미치지만 당기손익에는 영향을 미치지 아니하므로 재분류조정에 해당하지 아니한다.

4. 처분

(1) 투자채무상품(사채)의 처분

기타포괄손익 - 공정가치 측정 금융자산이 투자채무상품(사채)인 경우, 처분 시 장부금액은 처분일의 상각 후 원가로 측정한 후 처분일의 상각 후 원가와 처분금액과의 차액을 처분손익으로 처리한다. 이때 자본에 누적된 기타포괄손익누계액은 금융자산을 제거할 때 재분류조정으로 자본에서 당기손익으로 재분류한다.

(2) 투자지분상품(주식)의 처분

기타포괄손익 - 공정가치 측정 금융자산이 투자지분상품(주식)인 경우, 처분 시 장부금액은 처분일의 공정가치로 평가하여 평가손익을 기타포괄손익에 반영한 후 처분손익을 인식한다. 이때 처분일의 공정가치와 처분금액(처분일의 공정가치)은 항상 일치하므로 처분손익은 발생하지 않는다. 그러나 처분 시 거래원가가 발생한 경우 그 금액만큼 처분손실을 인식한다. 이 경우 자본에 누적된 기타포괄손익누계액은 금융자산을 제거할 때 전액 이익잉여금으로 대체하고 당기손익으로 재분류하지 않는다.

기타포괄손익 - 공정가치 측정 금융자산의 처분손익계산
- **투자채무상품의 처분**: FVOCI 금융자산처분손익 = 처분금액 - 장부금액(처분일의 상각 후 원가)
- **투자지분상품의 처분**: FVOCI 금융자산처분손익 = 처분금액 - 장부금액(처분일의 공정가치)
- 투자지분상품의 경우 처분 시 거래원가가 없다면 처분금액과 장부금액은 항상 일치한다.

핵심 03 상각 후 원가 측정 금융자산(AC 금융자산) ★★☆

1. 의의

상각 후 원가 측정 금융자산(AC 금융자산)은 계약조건에 따라 만기 또는 특정일에 원금을 회수하고 보유기간 동안 이자를 받을 수 있는 채무상품 등을 만기(또는 특정일)까지 보유할 목적으로 취득한 금융자산이다. 지분상품(주식)의 경우에는 상각 후 원가 측정 금융자산(AC 금융자산)으로 분류하지 않는다.

2. 분류

상각 후 원가 측정 금융자산(AC 금융자산)으로 분류하기 위해서는 다음 두 가지 조건을 모두 충족해야 한다.
① 계약상 현금흐름을 수취하기 위해 보유하는 것이 목적인 사업모형하에서 금융자산을 보유한다.
② 금융자산의 계약 조건에 따라 특정일에 원금과 원금잔액에 대한 이자지급(이하 '원리금 지급'이라 한다)만으로 구성되어 있는 현금흐름이 발생한다.

3. 최초인식(취득) 및 후속측정(평가)

(1) 최초인식(취득)

① 상각 후 원가 측정 금융자산(AC 금융자산)의 최초인식은 취득시점의 공정가치로 측정하여 인식한다. 취득시점의 공정가치는 시장이자율(유효이자율)에 의한 미래 현금흐름의 현재가치로 결정된다.

② 상각 후 원가 측정 금융자산(AC 금융자산)의 매입과 직접 관련이 있는 거래원가(비용)는 금융자산의 취득원가에 포함한다.

(2) 후속측정(평가)

상각 후 원가 측정 금융자산(AC 금융자산)은 유효이자율법을 적용하여 상각 후 원가로 측정하여 재무상태표에 표시한다. 상각 후 원가 측정 금융자산(AC 금융자산)은 공정가치로 평가하지 않으므로 평가손익이 발생하지 않는다.

▶ **기간 경과에 따른 장부금액과 이자수익의 변화**

조건	장부금액	이자수익	차금상각액	상환기간의 총이자
액면취득	불변	불변	−	액면이자
할인취득	증가	증가	증가	액면이자 + 할인차금
할증취득	감소	감소	증가	액면이자 − 할증차금

- 유효이자 = 기초장부금액 × 유효이자율
- 액면이자 = 액면금액 × 액면이자율
- 상각 후 원가 측정 금융자산(AC 금융자산)의 매 보고기간의 상각액은 유효이자와 액면이자의 차액이다.
- 상각 후 원가 측정 금융자산(AC 금융자산)의 상각액은 기간이 경과할수록 증가한다.
- **유효이자율**: 유효이자율은 사채의 액면이자율과 시장이자율과의 관계에 의해서 결정된다. 일반적으로 사채발행 당시의 시장이자율을 유효이자율이라고 하는데, 이는 사채의 발행가액과 사채의 미래현금흐름의 현재가치를 일치시켜 주는 이자율이다. 즉, 투자자 입장에서 보면 사채에 투자함으로써 얻으려고 하는 기대수익률이고, 발행자 입장에서 보면 사채를 발행함으로써 부담하게 되는 실질이자율을 의미한다.

4. 처분

상각 후 원가 측정 금융자산(AC 금융자산)을 처분 시에는 처분일까지 유효이자율법에 따라 이자수익을 계상한 후의 처분금액과 상각 후 원가와의 차액을 처분손익으로 인식한다.

AC 금융자산처분손익 = 순처분금액 − 상각 후 원가(처분일)

금융자산의 발행자(또는 채무자)의 신용위험(Credit Risk)이 증가함으로써, 금융자산의 계약상 미래현금흐름(원금과 이자)에 대한 회수가능성이 감소하게 되는데, 이와 같은 신용위험에 따른 기대신용손실을 손상차손(당기손익)으로 인식해야 한다. 손상대상 금융자산은 계약에 의한 미래현금흐름이 발생하는 채무상품(사채)과 대여금 및 수취채권이다. 그러나 다음의 경우에는 손상을 인식하지 않는다.

① 지분상품(계약상 현금흐름이 발생하지 않음)
② 당기손익-공정가치 측정 금융자산(공정가치 변동을 당기손익에 반영하기 때문에 손상차손도 평가손익에 반영함)

1. 신용손실

상각 후 원가 측정 금융자산(AC 금융자산)이나 기타포괄손익-공정가치 측정 금융자산(FVOCI 금융자산)의 추정미래현금흐름에 악영향을 미치는 하나 이상의 사건이 생긴 경우에 해당 금융자산의 신용이 손상된 것이다.

2. 기대신용손실

기대신용손실(ECL; Expected Credit Loss)의 측정은 금융상품의 기대존속기간에 걸친 신용손실(현금부족액의 현재가치)의 확률가중추정치이다. 보고기말 기대신용손실(손상차손)을 손실충당금으로 인식하여 자산의 평가계정으로 처리한다.

3. 상각 후 원가 측정 금융자산(AC 금융자산)의 손상

상각 후 원가 측정 금융자산(AC 금융자산)은 보고기간 말에 신용손실(손상)에 객관적인 증거가 있는지를 판단하여, 신용손상을 인식하거나 신용위험이 유의적으로 증가 또는 신용위험이 유의적으로 증가하지 아니한 경우에도 기대신용손실에 해당하는 금액을 손실충당금으로 측정한다.

4. 기타포괄손익-공정가치 측정 금융자산(FVOCI 금융자산)의 손상

기타포괄손익-공정가치 측정 금융자산(FVOCI 금융자산)은 보고기간 말에 공정가치로 평가한 후 신용손실(손상)에 객관적인 증거가 있는지를 판단하여, 신용손상을 인식하거나 신용위험이 유의적으로 증가 또는 신용위험이 유의적으로 증가하지 아니한 경우에도 기대신용손실에 해당하는 금액을 손실충당금으로 측정한다. 다만 기타포괄손익−공정가치 측정 금융자산(FVOCI 금융자산)으로 분류한 투자지분상품(주식)은 손상을 인식하지 않는다.

핵심 05 금융자산의 재분류

금융자산을 관리하는 사업모형을 변경하는 경우에만, 영향 받는 모든 금융자산을 재분류한다. 즉, 당기손익−공정가치 측정 금융자산(투자지분증권)은 재분류하지 않는다. 금융자산을 재분류하는 경우에는 그 결과를 재분류일부터 전진적(변경 후 첫 번째 보고기간의 첫째 날 회계처리한다)으로 적용한다. 재분류 전에 인식한 손익[손상차손(환입) 포함]이나 이자는 다시 작성하지 않는다.

1. 당기손익−공정가치 측정 범주에서 다른 범주로 재분류하는 경우

① 상각 후 원가 측정 범주로 재분류하는 경우에 재분류일의 공정가치가 새로운 총장부금액이 된다.

② 기타포괄손익−공정가치 측정 범주로 재분류하는 경우에 계속 공정가치로 측정한다.

2. 기타포괄손익−공정가치 측정 범주에서 다른 범주로 재분류하는 경우

① 상각 후 원가 측정 범주로 재분류하는 경우에 재분류일의 공정가치로 측정한다. 그러나 재분류 전에 인식한 기타포괄손익누계액은 자본에서 제거하고 재분류일의 금융자산의 공정가치에서 조정한다. 따라서 최초인식시점부터 상각 후 원가로 측정했었던 것처럼 재분류일에 금융자산을 측정한다. 이러한 조정은 기타포괄손익에 영향을 미치지만 당기손익에는 영향을 미치지 아니하므로 재분류조정에 해당하지 아니한다.

② 당기손익−공정가치 측정 범주로 재분류하는 경우에 계속 공정가치로 측정한다. 재분류 전에 인식한 기타포괄손익누계액은 재분류일에 재분류조정으로 자본에서 당기손익으로 재분류한다.

3. 상각 후 원가 측정 범주에서 다른 범주로 재분류하는 경우

① 당기손익-공정가치 측정 범주로 재분류하는 경우에 재분류일의 공정가치로 측정한다. 금융자산의 재분류 전 상각 후 원가와 공정가치의 차이에 따른 손익은 당기손익으로 인식한다.

② 기타포괄손익-공정가치 측정 범주로 재분류하는 경우에 재분류일의 공정가치로 측정한다. 금융자산의 재분류 전 상각 후 원가와 공정가치의 차이에 따른 손익은 기타포괄손익으로 인식한다.

금융자산의 분류	투자지분상품	투자채무상품	비고
당기손익 (FVPL)	○ (원칙)	○ (매도)	최초 기타포괄손익으로 선택 가능, 이후에는 취소 불가능
기타포괄손익 (FVOCI)	○ (예외)	○ (현금수취&매도)	최초 당기손익으로 선택 가능, 이후에는 취소 불가능
상각 후 원가 (AC)	×	○ (현금수취)	

금융자산은 다음 두 가지 사항 모두에 근거하여 분류한다.
• 금융자산의 관리를 위한 사업모형(보유목적, 기업의도 등)
• 금융자산의 계약상 현금흐름 특성(원리금으로 구성)

투자지분상품 (주식)	분류방법	취득 시 거래원가	보유손익	후속측정	평가손익	손상 차손	재분류
당기손익 (FVPL)	○ (원칙)	비용	배당수익	공정가치	당기손익	×	×
기타포괄손익 (FVOCI)	○ (예외)	원가 포함	배당수익	공정가치	기타포괄 손익	×	×
상각 후 원가 (AC)	×	×	×	×	×	×	×

투자채무상품 (사채)	분류방법	취득 시 거래원가	보유손익	후속측정	평가손익	손상 차손	재분류
당기손익 (FVPL)	○ (매도)	비용	이자수익	공정가치	당기손익	×	○
기타포괄손익 (FVOCI)	○ (현금&매도)	원가 포함	이자수익	공정가치	기타포괄 손익	○	○
상각 후 원가 (AC)	○ (현금수취)	원가 포함	이자수익	상각 후 원가	-	○	○

금융자산의 평가

금융자산 계정	평가 방법
당기손익-공정가치 측정 금융자산	공정가치로 평가
기타포괄손익-공정가치 측정 금융자산	공정가치로 평가
상각 후 원가 측정 금융자산	상각 후 원가로 평가

- 지분상품(주식) 중 단기매매항목이 아닌 경우 기타포괄손익으로 지정 가능하다.
- 채무상품(사채) 중 기타포괄손익 또는 상각 후 원가로 분류된 금융자산을 회계 불일치의 해소를 위해 당기손익-공정가치 측정 금융자산으로 지정(선택)할 수 있다.
- 최초인식 시 지정하고, 한번 지정(선택)한 금융자산은 취소할 수 없다.

핵심 06 관계기업투자

투자회사가 다른 피투자회사에 유의적인(중대한) 영향력을 행사할 수 있는 지분을 소유하고 있는 경우 당해 피투자회사를 관계기업이라고 한다. 이러한 관계기업투자계정의 회계처리는 별도의 재무제표를 작성하는 경우에는 원가법 또는 공정가치법을 적용하고, 연결재무제표(또는 개별재무제표)를 작성하는 경우에는 지분법을 적용하여 평가한다.

① 최초에는 취득원가로 인식하고, 취득시점 이후에는 피투자자의 순자산 변동액 중 투자자의 지분을 해당 투자자산에 가감하여 보고한다.
② 투자자의 당기순이익은 피투자자의 당기순이익 중 투자자의 지분에 해당하는 금액을 포함한다.
③ 피투자자에게서 받은 배당금은 투자자산의 장부금액에서 차감한다.
④ 관계기업의 기타포괄손익의 변동 중 투자자의 지분은 투자자의 기타포괄손익으로 인식한다.

(1) 지분법회계처리

① **취득 시**

(차)관 계 기 업 투 자 주 식	×××	(대)현　　　　　　금	×××

❍ 취득원가를 장부금액으로 인식한다.

② **당기순이익 보고 시**

(차)관 계 기 업 투 자 주 식	×××	(대)지 분 법 이 익	×××

❍ 당기순이익 × 지분율 = 지분법이익(당기수익)

③ 당기순손실 보고 시

| (차)지 분 법 손 실 | ××× | (대)관 계 기 업 투 자 주 식 | ××× |

○ 당기순손실 × 지분율 = 지분법손실(당기비용)

④ 배당금의 수령 시

| (차)현　　　　　금 | ××× | (대)관 계 기 업 투 자 주 식 | ××× |

○ 배당금 × 지분율 = 배당금수령액(투자주식에서 차감)

빈칸 채우기로 CHAPTER 마무리

❶ 당기손익–공정가치 측정 지정(선택) 금융자산: 금융자산(AC 금융자산, FVOCI 금융자산)을 당기손익–공정가치 측정 항목으로 (　　　　　　)할 수 있다. 한번 (　　　　　)하면 이를 취소할 수 (　　　　　).

❷ 당기손익–공정가치 측정 금융자산을 처분하면 원칙적으로 제거일의 장부금액을 공정가치로 측정한 후 제거일의 금융자산의 장부금액(공정가치)과 처분금액의 차액을 FVPL 금융자산처분손익으로 (　　　　　　)에 반영한다.

❸ 지분상품(주식)의 경우 당기손익–공정가치로 측정되는 '지분상품에 대한 특정 투자'에 대하여는 후속적인 공정가치 변동을 (　　　　　)으로 표시하도록 최초 인식시점에 선택할 수도 있다. 한번 선택하면 이를 (　　　　　)할 수 없다.

❹ 투자채무상품(사채)의 처분: 기타포괄손익–공정가치 측정 금융자산이 투자채무상품(사채)인 경우, 처분 시 자본에 누적된 기타포괄손익누계액은 금융자산을 제거할 때 재분류조정으로 자본에서 (　　　　　)으로 재분류한다.

❺ 투자지분상품(주식)의 처분: 기타포괄손익–공정가치 측정 금융자산이 투자지분상품(주식)인 경우, 처분 시 자본에 누적된 기타포괄손익누계액은 금융자산을 제거할 때 전액 (　　　　　)으로 대체하고 당기손익으로 재분류하지 않는다.

❻ 상각 후 원가 측정 금융자산(AC 금융자산)은 계약조건에 따라 (　　　　　) 또는 (　　　　　)일에 원금을 회수하고 보유기간 동안 이자를 받을 수 있는 채무상품 등을 만기(또는 특정일)까지 보유할 목적으로 취득한 금융자산이다.

① 지정 / 지정 / 없다　② 당기손익　③ 기타포괄손익 / 취소　④ 당기손익　⑤ 이익잉여금　⑥ 만기 / 특정

▶ **연계학습** | 에듀윌 기본서 1차 [회계원리 上] p.225

회독체크 1 2 3

PART 1

CHAPTER 미리보기

01 상품매매의 기초
02 재고자산의 정의 및 분류 ★★★
03 재고자산의 취득원가

04 재고자산의 측정(평가) ★★★
05 재고자산의 가격결정방법 ★★★
06 감모손실과 평가손실 ★★☆

핵심 01 **상품매매의 기초**

1. 상품의 의의

상품은 기업이 통상적인 영업활동에서 판매 목적을 위해 보유하는 물품(예 가구점에서의 책상, 의자)이며, 판매를 목적으로 생산과정에 있는 자산(재공품, 반제품 등) 그리고 생산 또는 용역의 제공과정에 투입될 원재료나 소모품 등 재고자산을 말한다.

2. 상품거래의 매매

(1) 매입제비용과 매출제비용

① 상품을 매입할 때 매입대금 이외에도 추가적으로 비용(운임 등)이 발생할 수 있는데, 이를 매입제비용(매입부대비용)이라고 하며, 상품의 취득원가에 포함시킨다.

② 상품을 판매할 때 추가적으로 비용(운임)이 발생할 수 있는데, 이는 판매비용으로 처리한다.

(2) 매입환출·매입에누리·매입할인

① 매입환출은 매입한 상품 중에서 품질불량 또는 파손상품 등을 반품하는 것을 말한다.

② 매입에누리는 ①과 같은 사유로 인해 반품한 것이 아니라 상품의 매입대금 일부를 에누리 받은 것이다.

③ 매입할인은 외상매입금을 약정된 기일보다 미리 지급하는 경우에 판매자로부터 은행이자에 해당하는 금액을 할인받은 것이다. 할인은 매출송장에 '2/10, n/30'

의 신용조건이 기록되어 있는 경우 송장 일자로부터 30일 이내에 대금을 지급해야 하고, 만약 10일 이내에 대금 지급이 이루어지면 순매입액에서 2%의 할인을 해준다는 뜻이다.

(3) 매출환입·매출에누리·매출할인

① 매출환입은 매출한 상품 중에서 품질불량 또는 파손상품 등이 반품되어 온 것을 말한다.

② 매출에누리는 ①과 같은 사유로 인해 반품되어 온 것이 아니라 상품의 매출대금 일부를 에누리해준 것이다.

③ 매출할인은 판매자가 외상매출금을 약정된 기일보다 미리 회수하는 경우에 구매자에게 외상매출금을 할인해준 것이다.

▶ 재고자산 관련 주요 등식

- 총매입액 − 매입할인·매입에누리·매입환출 = 순매입액
- 총매출액 − 매출할인·매출에누리·매출환입 = 순매출액
- ┌ 기초상품재고액 + 순매입액 − 기말상품재고액 = 매출원가
  └ 기초제품재고액 + 완성품제조원가 − 기말제품재고액 = 매출원가
- 순매출액 − 매출원가 = 매출총이익(매출총손실)

핵심 02 재고자산의 정의 및 분류 ★★★

1. 재고자산의 정의

재고자산은 일반적으로 상품, 소모품, 원재료, 재공품, 제품 등으로 분류하며, 구체적으로는 다음의 자산을 말한다.

① 통상적인 영업과정에서 판매를 위하여 보유 중이거나, 생산 중인 자산

② 생산이나 용역제공에 사용될 원재료나 소모품

일반적인 기업에서 토지를 취득하여 영업활동에 사용한다면 '토지'의 과목으로 하여 유형자산으로 분류하고, 영업활동에 사용하지 않는다면 '투자부동산'의 과목으로 하여 투자자산으로 분류하지만, 부동산매매업을 하는 기업이 판매목적으로 토지를 취득하였다면 '상품'의 과목으로 하여 재고자산으로 분류한다.

2. 재고자산의 범위

재무상태표에 표시되는 재고자산의 범위는 수익인식기준에 의해서 결정된다. 즉, 이미 수익(매출)으로 인식한 재고자산은 재무상태표에 포함할 수 없다.

종류		재고자산의 포함 여부
미착상품(운송 중인 상품)	선적지 인도조건	구매자의 재고포함
	도착지 인도조건	판매자의 재고포함
시송품	매입의사 표시 有	불포함(매출인식)
	매입의사 표시 無	재고자산 포함
적송품	수탁자가 보관 중인 미판매분	재고자산 포함
반품률이 높은 재고자산	반품가능성 有	매출불인식(재고자산 불포함)
	반품가능성 無	매출인식(재고자산 불포함)
할부판매상품	인도시점에서 매출인식	불포함(매출인식)
저당상품	저당권이 행사되기 전까지 제공자의 재고자산	제공자의 재고포함

핵심암기법 미착상품은 누구 것: 선구도판 ⇨ **선**적지는 **구**매자, **도**착지는 **판**매자

(1) 미착상품

미착상품은 재고자산이 판매자로부터 구매자에게 운송 중에 있는 상품이며, 선적지 인도조건(FOB shipping point)인 경우에는 상품이 선적된 시점에서 소유권이 매입자에게 이전되기 때문에 미착상품은 매입자의 재고자산에 포함하지만, 도착지 인도조건(FOB destination)인 경우 상품이 목적지에 도착했을 때 소유권이 매입자에게 이전되기 때문에 매입자의 재고자산에 포함되지 않는다.

▶ 미착상품의 기말재고자산 포함 여부

구분	구매자	판매자
선적지 인도조건	포함	불포함
도착지 인도조건	불포함	포함

(2) 시송품

시송품(시용품)은 구매자에게 일정 기간 동안 사용한 후에 매입 여부를 결정하라는 조건으로 판매한 상품을 말한다. 구매자가 매입의사표시를 하면 매출이 실현된 것으로 보고 매입의사표시를 하기 전까지는 판매자의 재고자산에 포함해야 한다.

(3) 적송품

적송품은 위탁자가 수탁자에게 판매를 위탁하여 발송한 상품(원가발송)을 말한다. 수탁자가 수탁상품을 제3자에게 판매하면 매출이 실현된 것으로 보고, 판매하기 전까지는 위탁자의 재고자산에 포함한다.

(4) 반품률이 높은 재고자산

① **반품가능성을 합리적으로 예측할 수 있는 경우**: 상품 인도 시에 반품률을 적절히 반영하여 수익을 인식하므로 판매자의 재고자산에서 제외하고 매출수익으로 인식한다. 이때 반품할 금액은 수익에서 차감하여 환불부채로 처리한다.

② **반품가능성을 합리적으로 예측할 수 없는 경우**: 구매자가 상품의 인수를 수락하거나 반품기간이 종료된 시점까지는 수익을 인식하지 않고 재고자산에도 포함하지 않는다. 이때 고객으로부터 받은 현금은 환불부채로 처리한다.

(5) 할부판매상품

상품을 판매하고 대금을 여러 차례에 걸쳐서 분할하여 회수하기로 한 경우를 할부판매라 한다. 할부판매는 장·단기 구분 없이 판매(인도)시점에 매출이 실현된 것으로 보기 때문에 판매자의 재고자산에서 제외한다.

(6) 저당상품

금융기관 등으로부터 자금을 차입하고 그 담보로 제공된 저당상품은 저당권이 실행되기 전까지는 담보제공자 소유이다. 따라서 저당권이 실행되어 소유권이 이전되기 전에는 단순히 저당만 제공한 상태이므로 담보제공자의 재고자산에 해당된다.

(7) 특별주문 상품

구매자로부터 특별주문 받은 상품은 아직 인도되지 않았더라도 타 회사 재고자산으로부터 구분할 수 있는 상태라면 매출된 것으로 간주하여 재고자산에 포함하지 않는다.

핵심 03 재고자산의 취득원가

재고자산의 취득원가는 판매 가능한 상태로 만들기까지 소요된 매입원가, 전환원가 및 재고자산을 현재의 장소에 현재의 상태로 이르게 하는 데 발생한 기타원가 모두를 포함한다.

> 재고자산의 취득원가 = 매입원가 + 전환원가 + 기타원가

1. 매입원가

매입원가는 매입가격에 수입관세와 제세금(환급세액 제외), 매입운임, 하역료 등 취득 과정에 직접 관련된 기타원가를 가산한 금액이다. 재고자산을 장기연불조건으로 취득하는 경우에는 현금가격상당액만 매입원가에 포함하고 이자상당액은 기간 경과에 따라 이자비용으로 인식한다.

2. 전환원가

전환원가는 직접노무원가 등 생산량과 직접 관련된 원가와 고정제조간접원가 및 변동제조간접원가의 배부액을 포함한다.

3. 기타원가

기타원가는 재고자산을 현재의 장소에 현재의 상태로 이르게 하는 데 발생한 범위 내에서만 취득원가에 포함된다.

> 다음의 경우에는 재고자산의 취득원가에 포함할 수 없다.
> • 재료원가, 노무원가 및 기타 제조원가 중 비정상적으로 낭비된 부분
> • 후속 생산단계에 투입하기 전에 보관이 필요한 경우 이외의 보관원가
> • 재고자산을 현재의 장소에 현재의 상태로 이르게 하는 데 기여하지 않은 관리간접원가
> • 판매원가

4. 생물자산에서 수확한 농림어업 수확물로 구성된 재고자산

생물자산에서 수확한 농림어업 수확물로 구성된 재고자산은 수확시점의 공정가치에서 예상되는 판매비용을 차감한 순공정가치로 측정하여 수확시점에 최초로 인식하도록 규정하고 있다. 이때 공정가치의 변동에 따른 손익은 당기손익으로 인식한다.

5. 자산이 정상적으로 작동되는지를 시험할 때 생산되는 시제품

재화(시제품)를 판매하여 얻은 매각금액(매출)과 그 재화의 원가(매출원가)는 재고자산에 준하여 회계처리하고 당기손익으로 인식한다.

핵심 04   재고자산의 측정(평가) ★★★

재무상태표의 재고자산 금액을 결정하는 과정으로 재고수량을 가격으로 곱하여 산정한다.

1. 재고자산의 수량결정방법

(1) 계속기록법(繼續記錄法)

재고자산의 매입과 매출을 계속적으로 장부에 기록하기 때문에 상품매매거래가 빈번하지 않고 재고자산의 원가를 개별적으로 식별가능한 고가의 상품을 취급할 때 적절한 방법이다. 이 방법은 상품을 매입할 때 상품계정을 사용하고 매입계정은 사용

하지 않는다. 특징은 상품을 매출하는 시점에서 매출액과 매출원가를 함께 인식하기 때문에 상품매출이익(매출총이익)을 계산할 수 있다.

▶ **계속기록법에서의 회계처리**

• 상품매입 시:	(차)상 품	200	(대)외 상 매 입 금 등	200
• 상품매출 시:	(차)매 출 원 가	100	(대)상 품	100
	외 상 매 출 금 등	150	매 출	150
• 기말결산 시:			결산정리 분개 없음	

▶ **계속기록법에서의 회계등식**

- **수량등식**: 기초재고량 + 매입수량 − 매출수량 = 기말재고량(장부)
- **금액등식**: 기초재고액 + 매입액 − 매출원가 = 기말재고액(장부)

(2) 실지재고조사법(實地在庫調査法)

실지재고조사법은 실사법이라고도 한다. 이 방법에 의하면 재고자산을 매입하는 경우에는 원가로 매입계정 차변에 기록하고, 매출하는 경우에는 매가로 매출계정 대변에 기록하므로 매출원가는 별도로 계산되지 않는다. 회계기말에 실사를 통하여 기말재고액이 파악되면 기초재고액에서 당기매입액을 더하고 기말재고액을 차감하여 매출원가를 계산한다. 이 방법은 상품매매가 빈번한 저가의 상품을 취급할 때 적절한 방법이다. 따라서 실사법은 기말결산 시 시산표의 재고자산을 기말재고액으로 수정하고 매출원가를 계산하기 위한 결산정리 분개가 반드시 필요하다.

▶ **실지재고조사법에서의 회계처리**

• 상품매입 시:	(차)매 입	200	(대)외 상 매 입 금 등	200
• 상품매출 시:	(차)외 상 매 출 금 등	150	(대)매 출	150
• 기말결산 시:			결산정리 분개 있음	

▶ **실지재고조사법에서의 회계등식**

- **수량등식**: 기초재고량 + 매입수량 − 기말재고량(실지수량) = 매출수량
- **금액등식**: 기초재고액 + 매입액 − 기말재고액(실지금액) = 매출원가

▶ **계속기록법과 실지재고조사법의 장단점**

계속기록법	• 장부의 계속적 기록으로 정확한 재고기록이 장부상 유지된다. • 고가품이고 거래빈도가 적은 상품을 취급하는 경우에 적절한 방법이다. • 실지재고조사의 병행으로 재고자산감모손실의 파악이 가능하다. • 결산정리 시 매출원가의 계산과정이 불필요하다. • 도난·분실 등으로 인한 감모손실이 기말재고에 포함되어 기말재고가 과대계상될 수 있다.
실지재고조사법	• 실사를 통해서 정확한 기말재고액을 파악할 수 있다. • 저가품이고 거래빈도가 많은 상품을 취급하는 경우에 적절한 방법이다. • 장부재고액의 파악이 어려워 재고자산감모손실의 파악 또한 불가능하다. • 결산정리 시 매출원가의 계산과정이 필요하다. • 도난·분실 등으로 인한 감모손실이 매출원가에 포함되어 비용이 과대계상될 수 있다.

핵심 05 재고자산의 가격결정방법 ★★★

원가흐름	내용
개별법	• 수익·비용 대응에 적합 • 실제 물량흐름과 일치 • 이익조작 가능성 높음
선입선출법	• 재고자산이 현행원가로 표시 • 실제 물량흐름과 일치 • 이익조작 가능성 낮음
후입선출법	• 수익·비용 대응에 적합 • 실제 물량흐름에 역행
이동평균법	• 계속기록법 • 이익조작 가능성 낮음
총평균법	• 실지재고조사법 • 이익조작 가능성 낮음

● 한국채택국제회계기준에서는 후입선출법을 인정하지 않는다.

1. 재고자산의 가격결정방법

기업은 회계기간 중에 빈번하게 재고자산을 취득하게 되는데 취득 시마다 동일한 재고자산이라 하더라도 매입단가는 서로 다를 수 있다. 이 경우 재고자산의 단가를 어떤 방법으로 결정하느냐에 따라 기말재고액과 매출원가에 배분되는 금액이 다르게 나타날 수 있다. 여기서 재고자산의 단위원가 결정방법은 실제 물량흐름과는 관계없이 결정하므로, '원가흐름의 가정'이라고도 한다. 한국채택국제회계기준에서는 단위원가 결정방법으로 개별법, 선입선출법, 가중평균법 등을 인정한다.

(1) 한국채택국제회계기준에 의하면 통상적으로 상호 교환될 수 없는 재고자산항목의 원가와 특정 프로젝트별로 생산되는 재화 또는 용역의 원가는 개별법을 사용하여 결정한다.

(2) 개별법이 적용되지 않는 재고자산의 단위원가는 선입선출법이나 가중평균법을 사용하여 결정한다.

(3) 성격과 용도가 유사한 재고자산은 동일한 단위원가 결정방법을 적용하여야 하며, 성격과 용도가 다른 재고자산은 서로 다른 단위원가 결정방법을 적용할 수 있다.

참고	가격결정방법

- **원가법**: 매입가격(제조원가) + 부대비용
  - 개별법 ⇨ 특정 프로젝트별로 생산되는 경우
  - 선입선출법, 가중평균법 ⇨ 개별법을 적용할 수 없는 경우(체계적인 방법)
  - 소매재고법(매출가격환원법) ⇨ 실제원가의 적용이 어려운 유통업의 경우
- **표준원가법**: 실제원가와 유사한 경우 편의상 허용
- **저가법**: 순실현가능가치(시가)가 원가보다 하락한 경우

▶ 재고자산 단위원가 결정방법 간의 크기 비교(물가가 상승할 때)

기말재고자산의 크기	선입선출법 > 이동평균법 ≧ 총평균법 > 후입선출법
매출이익의 크기	선입선출법 > 이동평균법 ≧ 총평균법 > 후입선출법
법인세비용의 크기	선입선출법 > 이동평균법 ≧ 총평균법 > 후입선출법
매출원가의 크기	선입선출법 < 이동평균법 ≦ 총평균법 < 후입선출법
현금흐름의 크기	선입선출법 < 이동평균법 ≦ 총평균법 < 후입선출법

▶ 장부기록시스템

단가결정방법	계속기록법	실지재고조사법
개별법	○	○
선입선출법	○	○
후입선출법	○	○
이동평균법	○	×
총평균법	×	○

2. 특수한 원가배분방법

한국채택국제회계기준에서는 표준원가법이나 소매재고법 등의 원가측정방법은 그러한 방법으로 평가한 결과가 실제원가와 유사한 경우에 편의상 사용할 수 있다. 표준원가는 정기적으로 검토하여야 하며 필요한 경우 현재 상황에 맞게 조정하여야 한다.

① 소매재고법: 소매재고법(매출가격환원법)은 이익률이 유사하고 품종변화가 심한 다품종 상품을 취급하는 유통업에서 실무적으로 다른 원가측정 방법을 사용할 수 없는 경우에 흔히 사용한다.

② 매출총이익률법: 천재지변이나 화재 등으로 인하여 재고기록이 손상되었을 때, 과거의 매출총이익률(매출총이익 ÷ 매출액)을 이용하여 기말재고액을 추정하는 방법이다.

- 매출액 × 매출총이익률(매출액에 대한 이익률) = 매출총이익
- 매출원가 × 이익률(원가에 대한 이익률) = 매출총이익
- 매출액 − 매출총이익 = 매출원가
- 매출액 × (1 − 매출총이익률) = 매출원가 ∴ (1 − 매출총이익률) = 원가율
- 매출액 ÷ (1 + 원가에 대한 이익률) = 매출원가
- 판매가능액(기초상품재고액 + 당기상품매입액) − 매출원가 = 기말재고액
  - ⑩ '매출원가 + 매출총이익 = 매출액(1)'이므로 '매출원가율 + 매출총이익률 = 100%(1)'이다.
- 예를 들면, 매출총이익률이 30%인 경우에는 원가율이 70%이다.

감모손실과 평가손실 ★★☆

1. 재고자산감모손실

(1) 재고자산감모손실의 의의

재고자산감모손실은 상품을 보관하는 과정에서 도난, 부패, 증발, 분실 등의 사유로 인하여 상품의 장부재고액(장부재고수량 × 원가)보다 실지재고액(실지재고수량 × 원가)이 부족한 경우에 발생한 수량부족에 대한 손실을 말한다.

(2) 재고자산감모손실의 회계처리

재고자산감모손실 중 정상적으로 발생하는 손실에 대해서는 경영자가 사전에 예측 가능한 손실이기 때문에 매출원가에 가감한다. 재고자산감모손실 중 비정상적으로 발생한 손실은 매출원가에 포함하지 않고, 포괄손익계산서에 기타비용으로 분류한다. 회계처리는 다음과 같다.

> • 정상적인 경우: (차)매출원가(매입) ××× (대)이 월 상 품 ×××
> • 비정상적인 경우: (차)재고자산감모손실 ××× (대)이 월 상 품 ×××

① 재고자산감모손실 = 장부재고액 − 실지재고액(또는 장부재고량 − 실지재고량) × 단위당 원가
② 감모손실은 재고자산에서 직접 차감하고, 감모손실이 발생한 기간에 비용으로 인식한다.

2. 재고자산평가손실

(1) 저가법의 의의

재고자산의 순실현가능가치가 취득원가보다 하락하여 원가를 회수하기 어려운 경우에는 저가법을 적용하여 재고자산의 원가를 감액하고, 재고자산평가손실은 감액이 발생한 기간에 비용으로 인식한다. 재고자산을 저가법으로 평가한 후에는 매 후속기간에 순실현가능가치를 재평가하며, 재고자산의 감액을 초래했던 상황이 해소되거나 경제상황의 변동으로 순실현가능가치가 상승한 명백한 증거가 있는 경우에는 최초의 장부금액을 초과하지 않는 범위 내에서 평가손실을 환입하고 발생한 기간의 비용으로 인식된 재고자산금액의 차감액으로 인식한다. 평가손실을 환입한 후 새로운 장부금액은 취득원가와 수정된 순실현가능가치 중 작은 금액이 된다.

한국채택국제회계기준에서는 "재고자산을 순실현가능가치로 감액한 평가손실과 감모손실은 감액이나 감모가 발생한 기간에 비용으로 인식한다. 또한 순실현가능가치의 상승으로 인한 재고자산 평가손실의 환입은 환입이 발생한 기간의 비용으로 인식된 재고자산 금액의 차감액으로 인식한다."라고 규정하고 있다.

(2) 저가법 적용방법

저가법은 항목별로 적용한다. 재고항목들이 서로 유사하거나 관련되어 있는 경우에는 조별로 적용할 수 있으며, 조별로 적용하는 경우에는 매기 동일하게 적용하여야 한다. 단, 총액기준으로는 적용할 수 없다.

(3) 저가법 회계처리

- 하락 시: (차) 재고자산평가손실(매입) ×××　　(대) 재고자산평가충당금 ×××
- 회복 시: (차) 재고자산평가충당금 ×××　　(대) 재고자산평가손실환입(매입) ×××

➲ 평가손실은 재고자산에서 직접차감하거나 간접차감할 수 있으며, 평가손실환입은 수익으로 처리하지 않고 발생한 기간에 비용(매출원가)에서 차감하여 인식한다.

참고　순실현가능가치(시가)의 하락 사유

- 물리적으로 손상된 경우
- 완전히 또는 부분적으로 진부화된 경우
- 판매가격이 하락한 경우
- 완성하거나 판매하는 데 필요한 원가가 상승하는 경우
- 보고일로부터 1년 또는 정상영업주기 내에 판매되지 않았거나 생산에 투입할 수 없어 장기 체화된 경우

참고　원재료의 평가

완성될 제품이 원가 이상으로 판매될 것으로 예상하는 경우에는 그 생산에 투입하기 위해 보유하는 원재료 및 기타 소모품을 감액하지 아니한다. 그러나 원재료 가격이 하락하여 제품의 원가가 순실현가능가치를 초과할 것으로 예상된다면 해당 원재료를 순실현가능가치로 감액한다. 이 경우 원재료의 현행대체원가는 순실현가능가치에 대한 최선의 이용 가능한 측정치가 될 수 있다.

- **원가**: 매입가액 + 부대비용
- **시가** ┌ 상품·제품: 순실현가능가치
　　　　├ 재공품: 순실현가능가치
　　　　└ 원재료: 현행대체원가
- 순실현가능가치 = 정상적인 판매가격 − 정상적인 판매비용

3. 재고자산 오류의 유형 및 영향

(1) 매입기록은 하였으나 기말재고에 누락된 경우

자산 과소계상, 당기순이익 과소계상, 자본 과소계상

(2) 매입기록 및 기말재고에 모두 누락된 경우

자산 및 부채 과소계상, 당기순이익 영향 없음, 자본 영향 없음

(3) 기말재고에는 포함되었으나 매입기록을 누락시킨 경우

부채 과소계상, 당기순이익 과대계상, 자본 과대계상

빈칸 채우기로 CHAPTER 마무리

❶ 재고자산의 취득원가는 (   )·(   ) 및 재고자산을 현재의 장소에 현재의 상태로 이르게 하는 데 발생한 (   ) 모두를 포함한다.

❷ (   )의 경우 계속기록법과 실사법으로 계산된 매출원가와 기말재고액은 동일한 금액이 배분된다.

❸ (   )의 경우 계속기록법과 실사법으로 계산된 매출원가와 기말재고액은 다른 금액이 배분된다.

❹ 저가법의 적용방법: 재고자산의 저가법은 (   )로 적용한다. 그러나 경우에 따라서는 서로 유사하거나 관련 있는 항목들을 (   )하여 적용하는 것이 적절할 수 있으며, (   )은 적용할 수 없다.

❺ 상품을 매입할 때 매입대금 이외에 추가적으로 발생하는 매입운임 등은 매입부대비용이라고 하며, 상품의 취득원가에 (   )시키고, 상품을 판매할 때 추가적으로 발생하는 판매운임은 (   )으로 처리한다.

❻ 총매입액에서 매입환출, 매입에누리, 매입할인 등을 차감한 금액을 (   )이라고 한다.

❼ 생물자산에서 수확한 농림어업 수확물로 구성된 재고자산은 (   )로 측정하여 수확시점에 인식하고, 순공정가치의 변동으로 인한 손익은 (   )으로 처리한다.

❽ 자산이 정상적으로 작동되는지를 시험할 때 생산되는 시제품의 경우 재화를 판매하여 얻은 매각금액과 그 재화의 원가의 차액은 (   )으로 인식한다.

❾ 한국채택국제회계기준에 의하면 통상적으로 상호 교환될 수 없는 재고자산항목의 원가와 특정 프로젝트별로 생산되는 재화 또는 용역의 원가는 (   )을 사용하여 결정한다.

⑩ (　　　　　　)이 적용되지 않는 재고자산의 단위원가는 (　　　　　　)이나 (　　　　　　)을 사용하여 결정한다.

⑪ (　　　　　　)과 (　　　　　　)가 유사한 재고자산은 동일한 단위원가 결정방법을 적용하여야 하며, 성격과 용도가 다른 재고자산은 서로 다른 단위원가 결정방법을 적용할 수 있다.

⑫ 표준원가법이나 (　　　　　　)은 실제원가와 유사한 경우 (　　　　　　)상 허용한다.

⑬ 재고자산감모손실은 정상적으로 발생하는 손실에 대해서는 경영자가 사전에 예측 가능한 손실이기 때문에 (　　　　　　)에 가산하고 비정상적으로 발생한 손실은 매출원가에 포함하지 않고, 포괄손익계산서에 (　　　　　　)으로 분류한다.

⑭ 재고자산평가손실은 재고자산의 (　　　　　　)가 취득원가보다 하락하여 원가를 회수하기 어려운 경우에는 저가법을 적용하여 재고자산의 원가를 감액하고, 재고자산평가손실은 감액이 발생한 기간에 (　　　　　　)으로 인식한다.

⑮ 재고자산을 순실현가능가치로 감액한 (　　　　　　)과 (　　　　　　)은 감액이나 감모가 발생한 기간에 비용으로 인식한다. 또한 순실현가능가치의 상승으로 인한 재고자산 평가손실의 환입은 환입이 발생한 기간의 비용으로 인식된 재고자산 금액의 (　　　　　　)액으로 인식한다.

⑯ 완성될 제품이 원가 이상으로 판매될 것으로 예상하는 경우에는 그 생산에 투입하기 위해 보유하는 원재료 및 기타 소모품을 (　　　　　　)하지 아니한다.

⑰ 원재료 가격이 하락하여 제품의 (　　　　　　)가 순실현가능가치를 초과할 것으로 예상된다면 해당 원재료를 (　　　　　　)로 감액한다.

정답

⑩ 개별법 / 선입선출법 / 가중평균법　⑪ 성격 / 용도　⑫ 소매재고법 / 편의　⑬ 매출원가 / 기타비용
⑭ 순실현가능가치 / 비용　⑮ 평가손실 / 감모손실 / 차감　⑯ 감액　⑰ 원가 / 순실현가능가치

08 유형자산

▶ **연계학습** | 에듀윌 기본서 1차 [회계원리 上] p284

CHAPTER 미리보기

01 유형자산의 기본개념
02 유형자산의 인식과 측정
03 유형자산의 후속원가(추가적 지출)
04 유형자산의 취득형태 ★★★

05 유형자산의 감가상각 ★★★
06 유형자산의 처분 및 손상 ★★★
07 원가모형과 재평가모형

핵심 01 유형자산의 기본개념

1. 유형자산의 의의

유형자산(有形資産)은 정상적인 영업활동을 통하여 재화의 생산이나 용역의 제공, 타인에 대한 임대 또는 관리활동에 사용할 목적으로 보유하는 물리적 형태가 있는 자산으로서, 한 회계기간을 초과하여 사용할 것이 예상되는 자산을 말한다.

> **참고** | **토지·건물**
>
> • 매매(판매)를 목적으로 소유 ⇨ 재고자산(부동산매매업)
> • 투자 목적 또는 비영업용(임대)으로 소유 ⇨ 투자부동산
> • 영업활동에 사용할 목적으로 소유 ⇨ 유형자산

2. 유형자산의 특징

① 물리적 실체가 있는 자산이다. 유형자산은 실물이 존재하는 자산이므로, 실물이 존재하지 않는 무형자산과 구별된다.
② 경영활동에 사용할 목적으로 취득한 자산으로 기업이 경영활동을 원활히 수행하는 데 기본이 되는 자산이다.
③ 여러 회계기간에 걸쳐 경제적 효익을 제공하는 자산으로서 감가상각 대상이 되는 자산이다.
④ 비화폐성자산이며, 비금융자산이다.

3. 유형자산의 분류

(1) 감가상각자산
  ① **감가상각 대상자산**: 건물, 구축물, 기계장치, 차량운반구, 공구와 기구, 비품 등
  ② **감모상각 대상자산**: 광업, 삼림, 유전 등의 자연자원 등

(2) 비상각자산
  ① **토지**: 토지의 원가에 해체, 제거 및 복구원가가 포함된 경우에는 그러한 원가를 관련 경제적 효익이 유입되는 기간에 감가상각을 한다. 토지는 원칙적으로 감가상각을 하지 않지만 토지의 내용연수가 한정될 수 있다. 이 경우에는 관련 경제적 효익이 유입되는 형태를 반영하는 방법으로 토지를 감가상각한다.
  ② **건설중인자산**: 자가 제작에 의한 유형자산의 건설에 소요된 재료비·노무비 및 경비로서 완공이 되기 전까지 지출한 금액을 말하며, 완성 시 해당계정에 대체한다.

핵심 02 **유형자산의 인식과 측정**

1. 유형자산의 최초인식 및 측정

(1) 유형자산으로 인식되기 위해서는 다음의 인식요건을 모두 충족하여야 한다.
  ① 자산으로부터 발생하는 미래의 경제적 효익이 기업에 유입될 가능성이 높다.
  ② 자산의 원가를 신뢰성 있게 측정할 수 있다.

(2) 최초인식하는 유형자산은 원가로 측정한다.
  ① 유형자산의 원가는 인식시점의 현금가격상당액이다.
  ② 대금지급이 일반적인 신용기간을 초과하여 이연되는 경우, 현금가격상당액(현재가치)을 취득원가로 하고, 현금가격상당액(현재가치)과 실제 총지급액과의 차액은 신용기간에 걸쳐 이자비용으로 인식한다.

2. 유형자산 취득원가의 구성

(1) 구입금액에 관세 및 취득 관련 제세금(환급세액 제외)을 가산하고 매입할인과 리베이트 등을 차감한 구입가격

(2) 경영진이 의도하는 방식으로 자산을 가동하는 데 필요한 장소와 상태에 이르게 하는 데 직접 관련되는 다음과 같은 원가는 유형자산의 원가에 가산한다.

① 유형자산의 매입 또는 건설과 직접적으로 관련되어 발생한 종업원급여

② 설치장소 준비원가

③ 최초의 운송 및 취급관련원가

④ 설치원가 및 조립원가

⑤ 유형자산이 정상적으로 작동되는지 여부를 시험하는 과정에서 발생하는 원가

⑥ 전문가에게 지급하는 수수료

> **유형자산에 포함되지 않는 원가**
> ① 새로운 시설을 개설하는 데 소요되는 원가
> ② 새로운 상품과 서비스를 소개하는 데 소요되는 원가(예) 광고 및 판촉활동 등)
> ③ 새로운 지역이나 새로운 고객층을 대상으로 영업을 하는 데 소요되는 원가(예) 직원의 교육훈련비)
> ④ 관리 및 기타 일반간접원가

(3) 취득이 완료되어 유형자산이 경영진이 의도하는 방식으로 가동될 수 있는 장소와 상태에 이른 후에는 원가를 더 이상 인식하지 않는다. 따라서 유형자산을 사용하거나 이전하는 과정에서 발생하는 다음의 원가는 장부금액에 포함하여 인식하지 아니한다.

① 유형자산이 경영진이 의도하는 방식으로 가동될 수 있으나 아직 실제로 사용되지는 않고 있는 경우, 또는 가동수준이 완전조업도 수준에 미치지 못하는 경우에 발생하는 원가

② 유형자산과 관련된 산출물에 대한 수요가 형성되는 과정에서 발생하는 초기 가동손실

③ 기업의 영업 전부 또는 일부를 재배치하거나 재편성하는 과정에서 발생하는 원가

참고	취득원가의 결정

- **토지의 취득원가**
  - 건물을 신축하기 위해 구 건물이 있는 토지를 취득하는 경우에는 지급 대가를 모두 토지원가에 포함한다.
  - 위의 경우 구 건물 철거비용은 토지원가에 포함하고 철거 시 수거된 폐자재 처분가치는 토지원가에서 차감한다. 즉, '구 건물 철거비용 − 폐자재 처분가치'를 토지원가에 포함한다.
    - ◐ 건물을 신축하기 위해 사용 중인 건물을 철거하는 경우에는 사용 중인 건물의 장부금액을 제거하여 유형자산처분손실로 처리하고, 철거 시 철거비용은 당기비용으로 처리한다.
  - 도로개설비
    - ┌ 유지책임이 관청에 있는 경우: 토지원가에 포함한다.
    - └ 유지책임이 회사에 있는 경우: 구축물원가에 포함시키고 감가상각해야 한다.
- **건물의 취득원가**
  건물 신축 시 설계비, 땅굴착비용, 건물의 등록세 등은 건물원가에 포함한다.
- **기계장치의 취득원가**
  운반비·설치비·시운전비는 기계장치의 원가에 포함한다.
- **모든 유형자산에 공통적으로 해당하는 취득원가**
  - 중개수수료(전문가수수료)
  - 취득세, 등록세
  - 관세
  - 제세금(환급세액 제외)
  - ◐ 재산세와 종합부동산세는 취득과 관련된 세금이 아니고 재산을 보유함에 따른 유지비용(보유세)이기 때문에 기간비용(세금과공과)으로 처리한다.

3. 복구비용

복구비용(Restoration Costs)은 유형자산의 경제적 사용이 종료된 후에 자산을 해체, 제거하거나 부지를 복구하는 데 소요될 것으로 최초에 추정되는 원가이다. 이와 같이 복구와 관련하여 그 비용을 부담할 의무는 당해 유형자산의 취득시점 또는 특정 기간 동안 재고자산의 생산 이외의 목적으로 사용한 결과로 발생한다.

복구의무가 충당부채의 인식요건을 충족하는 경우 복구원가의 현재가치를 해당 유형자산의 원가에 가산하고 동액을 복구충당부채의 과목으로 처리한다.

예 유형자산 중 원자력발전소, 해상구조물, 쓰레기매립장, 저유설비 등과 같이 토양·수질·대기·방사능오염 등을 유발할 가능성이 있는 시설물에 대해서는 경제적 사용이 종료된 후에 환경보전을 위하여 반드시 원상회복을 시켜야 한다.

(차) 구축물(유형자산) 등	×××	(대) 현 금	×××
		복 구 충 당 부 채	×××

4. 자본화 대상 금융비용(차입원가)

(1) 차입원가

적격자산의 취득, 건설 또는 제조와 직접 관련되는 차입원가는 당해 자산원가에 포함한다. 그러나 기타 차입원가는 비용으로 인식한다(K-IFRS 제1023호).

(2) 적격자산

적격자산은 의도한 용도로 사용하거나 판매 가능한 상태에 이르게 하는 데 상당한 기간을 필요로 하는 다음의 자산을 말한다.

① 재고자산(단기간 내에 제조되는 재고자산은 제외)
② 유형자산, 전력생산설비
③ 무형자산
④ 투자부동산

참고   적격자산에서 제외되는 경우

적격자산 중 재고자산에서 단기간 내에 제조되는 재고자산을 제외하는 이유는 재고자산은 판매를 목적으로 하므로 당기에 취득하여 당기에 판매한다면 자본화의 의미가 없기 때문에 제외한다. 또한 취득이 완료되어 의도된 용도로 사용할 수 있거나 판매 가능한 상태에 있는 자산인 경우와 금융자산은 적격자산에서 제외되어야 한다.

---

5. 불가피하게 매입한 국·공채

유형자산의 취득을 위하여 불가피하게 매입한 국·공채 등은 당해 채권의 매입가액과 공정가치(채권의 현재가치)와의 차액을 유형자산의 원가에 가산한다.

핵심 03   유형자산의 후속원가(추가적 지출)

유형자산의 일상적인 수선·유지와 관련하여 발생하는 원가는 유형자산의 장부금액에 포함하지 않고 발생시점에 당기손익(수선비)으로 인식한다. 그러나 자산의 본래 용도를 변경하거나, 생산성(능률)을 향상시킴으로써 자산으로부터 발생하는 미래경제적 효익이 기업에 유입될 가능성이 높고, 자산의 원가를 신뢰성 있게 측정할 수 있는 지출에 대해서는 자산원가에 가산한다.

1. **후속원가**(자본적 지출)

후속원가는 자산의 인식요건을 충족시키는 지출로서, 유형자산의 내용연수를 연장시키거나 실질적으로 가치를 증가시키는 것으로 당해 유형자산의 원가에 포함하고, 당해 지출이 발생한 날부터 감가상각을 하여 비용으로 배분한다.

(1) 증설

(2) 개량 및 대체

개량은 교체된 부품이 현 자산의 기능을 개선시키는 것을 말한다. 대체는 교체된 부품이 현 자산의 기능상으로는 거의 종전과 동일하지만 내용연수를 증가시키는 지출을 말한다.

(3) 종합검사비용

정기적인 종합검사비용은 일반적으로 발생한 기간의 비용으로 처리한다. 그러나 종합검사비용이 자산의 인식조건을 충족하면 자산원가에 가산한다.

2. **수익적 지출**(수선비)

수익적 지출은 유형자산을 원상회복시키거나 능률유지를 위한 지출로서, 자산의 인식요건을 충족하지 못하는 지출이므로 발생 즉시 당기비용으로 처리한다.

▶ **후속원가와 수익적 지출의 비교**

구분	후속원가(자본적 지출)	수익적 지출
특징	• 장기간 미래 효익의 증가 • 내용연수 연장, 생산제품의 질적·양적 향상 • 실질가치의 증가 • 비반복적·비경상적으로 발생	• 당기 효익에 그침 • 기능유지, 능률유지를 위한 지출 • 금액이 비교적 적음 • 반복적·경상적으로 발생
회계처리	당해 유형자산의 원가에 가산	당기비용으로 처리

▶ **자본적 지출과 수익적 지출에 대한 오류의 영향**

구분	비용	자산	순이익	감가상각비	효과
자본적 → 수익적	과대	과소	과소	과소	비밀적립금
수익적 → 자본적	과소	과대	과대	과대	자본잠식

1. 매입에 의한 취득

> 유형자산의 취득원가 = 구입가격 + 구입부대비용 − 매입할인

(1) 일반적인 취득

유형자산의 원가는 최초인식시점의 현금가격상당액이다.

(2) 신축을 목적으로 구건물이 있는 토지를 취득하는 경우

취득한 건물을 철거하고 건물의 철거비용은 토지의 취득원가에 가산한다. 이때, 건물철거 시 발생한 폐자재를 판매하여 수취한 금액은 토지의 취득원가에서 차감한다.

(3) 건물을 신축하기 위해 사용 중인 기존 건물을 철거하는 경우

기존 건물의 장부금액은 제거하여 처분손실에 반영하고, 기존 건물의 철거비용은 전액 당기비용으로 처리한다.

> 재산세와 종합부동산세 및 이와 관련된 조세 등은 취득과 관련된 세금이 아니고 재산을 보유함에 따른 비용이기 때문에 취득원가에 포함하지 않는다.

(4) 장기연불조건에 의한 취득

대금지급이 일반적인 신용기간을 초과하여 대금의 지급을 이연시킨 경우, 현금가격상당액(현재가치)과 실제 총지급액과의 차액은 신용기간에 걸쳐 이자비용으로 인식해야 한다.

(차)유 형 자 산	×××	(대)장 기 미 지 급 금	×××
현 재 가 치 할 인 차 금	×××		

(5) 일괄구입

일괄구입은 두 종류 이상의 자산을 일괄구입가격으로 동시에 취득하는 것을 말한다. 이와 같이 두 종류 이상의 자산을 일괄구입가격으로 동시에 취득하는 경우에 개별자산의 원가는 개별자산의 상대적 공정가치의 비율로 개별자산에 배분하여야 하며, 개별자산의 상대적 공정가치를 알 수 없는 경우에는 감정가액이나 과세표준액을 이용하여 배분할 수도 있다.

> 개별자산의 취득원가 = (일괄구입가격 + 제비용) × $\dfrac{\text{개별자산의 공정가치}}{\text{개별자산의 공정가치 합계}}$

(6) 불가피하게 매입하는 경우

유형자산의 취득과 관련하여 국·공채 등을 불가피하게 매입하는 경우, 매입가액과 공정가치(현재가치)와의 차액은 유형자산의 원가에 가산한다.

2. 현물출자·증여·기타 무상에 의한 취득

(1) 취득원가의 결정

현물출자·증여·기타 무상으로 취득한 자산의 원가는 공정가치로 평가한다. 기업이 주식을 발행하여 주고 대가로 유형자산을 취득한 경우, 유형자산의 취득원가는 발행하여 교부한 주식의 공정가치와 현물출자로 취득한 유형자산의 공정가치 중 보다 명확히 측정할 수 있는 것을 기준으로 취득원가를 결정한다. 현물출자로 취득한 유형자산의 취득원가는 다음 순서에 의하여 결정한다.

① 주식이 상장(등록)되어 시장성이 있는 경우에는 발행주식의 시가
② 공정가치가 없는 경우에는 취득한 자산의 공정가치
③ 모두 측정할 수 없는 경우에는 감정가액의 순으로 결정

3. 교환에 의한 취득

특정 실체가 소유한 유형자산과 다른 실체가 소유한 유형자산을 교환에 의하여 취득하는 경우, 유형자산의 취득원가는 상업적 실질이 있는지 또는 상업적 실질이 결여되었는지에 따라 회계처리 방법이 다르다. 상업적 실질이 결여된 경우와 취득한 자산의 공정가치와 제공한 자산의 공정가치를 신뢰성 있게 측정할 수 없는 경우를 제외하고는 공정가치로 측정한다.

(1) 상업적 실질이 결여된 경우: 장부금액법
① **취득원가**: 구 자산의 장부금액(+ 현금지급액 − 현금수취액)
② **처분손익**: 인식하지 않는다.

> 취득한 자산의 원가 = 제공한 자산의 장부금액 + 현금지급액 − 현금수취액

(2) 상업적 실질이 있는 경우: 공정가치법
① **취득원가**: 구 자산의 공정가치(+ 현금지급액 − 현금수취액)
② **처분손익**: 제공한 자산의 장부금액 VS 제공한 자산의 공정가치

> • 취득한 자산의 원가 = 제공한 자산의 공정가치 + 현금지급액 − 현금수취액
> • 유형자산처분손익 = 제공한 자산의 공정가치 − 제공한 자산의 장부금액

(3) 예외: 취득한 자산의 공정가치가 더 명백한 경우(신 자산법)

① **취득원가**: 취득한 (신)자산의 공정가치(현금수수액은 무시)

② **처분손익**: 제공한 자산의 장부금액 VS 취득한 자산의 공정가치(− 지급액 + 수취액)

참고	처분손익의 인식 ⇨ 유형자산처분이익

- **구 자산법**: 제공한 자산의 장부금액 VS 제공한 자산의 공정가치
- **신 자산법**: 제공한 자산의 장부금액 VS 취득한 자산의 공정가치(− 지급액 + 수취액)

4. 정부보조금의 회계처리

기업이 유형자산을 취득하면서 정부로부터 보조금을 받았을 때 정부보조금의 회계 처리방법으로 한국채택국제회계기준에서는 수익접근법으로 처리하도록 규정하고 있으며, 수익접근법에는 이연수익법과 평가계정법이 있다.

(1) 이연수익법

정부보조금을 이연수익(부채)으로 인식하고 유형자산의 내용연수에 걸쳐 체계적인 기준으로 당기수익에 인식하는 방법이다.

정부보조금 수령 시	현 금	×××	이연정부보조금수익(부채)	×××
유형자산 취득 시	유 형 자 산	×××	현 금	×××
결산 시	감가상각비	×××	감가상각누계액	×××
	이연정부보조금수익(부채)	×××	정부보조금수익(당기수익)	×××

(2) 평가계정법(자산차감법)

정부보조금만큼 유형자산의 장부금액에서 감소시키고 보조금은 감가상각 자산의 내용연수에 걸쳐 감가상각비를 감소시켜 당기손익으로 인식한다.

정부보조금 수령 시	현 금	×××	정부보조금(평가계정)	×××
유형자산 취득 시	유 형 자 산	×××	현 금	×××
결산 시	감가상각비	×××	감가상각누계액	×××
	정부보조금	×××	감가상각비	×××

◉ 감가상각비를 계산할 때에는 정부보조금을 우선 제외하고 계산한다.

유형자산의 감가상각 ★★★

1. 감가상각의 의의(본질)

① 유형자산의 감가상각이란 취득원가를 내용연수 기간 동안 수익·비용 대응에 따른 체계적이고 합리적인 방법으로 원가 배분하는 과정이다.

② 유형자산의 잔존가치와 내용연수는 적어도 매 회계연도 말에 재검토한다. 재검토 결과 추정치가 종전 추정치와 다르다면 그 차이는 회계추정의 변경으로 회계처리한다.

2. 감가상각의 기본요소

(1) 감가상각 대상금액(기준액)

유형자산의 사용기간 동안 감가상각비로 배부할 총액을 감가상각 대상금액이라고 하며 최대 한도액은 취득원가에서 잔존가치를 차감한 금액이다.

① **취득원가**: 구입가격 + 부대비용

② **잔존가치**: 유형자산의 이용가치가 없어 폐기처분할 때 예상되는 현금 회수가능액

③ **내용연수**: 유형자산의 사용가능한 시점으로부터 소멸하여 폐기될 때까지의 기간 (자산의 경제적 효익 ≥ 상대적 비용)

> 감가상각 대상금액 = 취득원가 - 잔존가치

3. 감가상각의 기간(내용연수)

① 감가상각은 사용가능한 때부터 시작하고, 매각 예정으로 분류되는 날 또는 자산이 제거되는 날 중 이른 날에 중지한다. 따라서 유형자산이 가동되지 않거나 운휴상태가 되더라도 감가상각을 중단하지 않는다. 다만, 유형자산의 사용 정도에 따라 감가상각하는 경우에는 생산 활동이 이루어지지 않을 때 감가상각을 인식하지 않을 수 있다.

② 토지와 건물을 동시에 취득하는 경우에도 이들은 분리 가능한 자산이므로 별개의 자산으로 회계처리한다. 채석장이나 매립지 등을 제외하고는 토지는 내용연수가 무한하므로 감가상각하지 아니한다.

4. 감가상각의 회계처리(결산 시)

감가상각액을 유형자산의 취득원가에서 직접 차감하지 않고 감가상각누계액(차감적 평가계정)으로 분개하여 현재까지의 감가상각누계액을 표시하는 방법이다. 한국채택 국제회계기준에서는 간접법을 원칙으로 하고 있다.

(1) 직접법(직접차감법)

(차) 감 가 상 각 비	×××	(대) 유형자산(건물 등)	×××

(2) 간접법(차감적 평가계정)

(차) 감 가 상 각 비	×××	(대) 감 가 상 각 누 계 액	×××

⊙ 유형자산의 취득원가에서 감가상각누계액을 차감한 후의 잔액을 유형자산의 '장부금액'이라고 한다.

5. 감가상각의 주요이론

① 유형자산의 감가상각방법은 자산의 미래의 경제적 효익이 소멸되는 형태를 반영한 합리적인 방법을 적용하고, 예상 소비 형태가 변하지 않는 한 매 회계기간에 일관성 있게 적용한다.

② 유형자산의 감가상각방법은 적어도 매 회계연도말 재검토한다. 재검토 결과 예상되는 소비 형태에 중요한 변동이 있다면, 변동된 소비 형태를 반영하기 위하여 감가상각방법을 변경한다. 이러한 변경은 회계추정의 변경으로 회계처리한다.

③ 유형자산의 잔존가치와 내용연수는 적어도 매 회계기말에 재검토한다. 재검토 결과 추정치가 종전의 추정치와 다르다면 그 차이는 회계추정의 변경으로 회계처리한다.

④ 감가상각 대상금액은 유형자산의 원가에서 잔존가치를 차감한 금액이다. 실무적으로 잔존가치는 경미한 경우가 많으므로 감가상각 대상금액을 계산할 때 중요하게 다루어지지 않는다.

⑤ 감가상각은 사용가능한 때부터 시작하고, 매각 예정으로 분류되는 날 또는 자산이 제거되는 날 중 이른 날에 중지한다. 따라서 유형자산이 가동되지 않거나 운휴상태가 되더라도 감가상각을 중단하지 않는다. 다만, 유형자산의 사용 정도에 따라 감가상각하는 경우에는 생산 활동이 이루어지지 않을 때 감가상각을 인식하지 않을 수 있다.

⑥ 유형자산의 공정가치가 장부금액을 초과하더라도 잔존가치가 장부금액을 초과하지 않는 한 감가상각액을 계속 인식한다. 유형자산을 수선하고 유지하는 활동을 하더라도 감가상각의 필요성이 부인되는 것은 아니다.

⑦ 유형자산의 잔존가치가 장부금액을 초과하는 경우에는 감가상각은 영(0)이 된다. 그러므로 잔존가치가 작아질 때까지 감가상각을 인식하지 않는다.

⑧ 유형자산을 구성하는 일부의 원가가 당해 유형자산의 전체원가에 비교하여 유의적이라면 해당 유형자산을 감가상각할 때 그 부분을 별도로 구분하여 감가상각한다. 또한 유의적이지 않더라도 그 부분을 별도로 구분하여 감가상각할 수 있다.

⑨ 각 기간에 배분된 감가상각비는 다른 자산의 제조와 관련된 경우에는 관련 자산의 제조원가로, 그 밖의 경우에는 손익계산서의 비용으로 인식한다.

⑩ 유형자산의 감가상각 대상금액을 내용연수 동안 체계적으로 배부하기 위해 다양한 방법을 사용할 수 있다. 이러한 감가상각방법에는 정액법, 체감잔액법 및 생산량비례법이 있다.

6. 감가상각 계산방법

- **정액법**

$$연간\ 감가상각비 = \frac{취득원가 - 잔존가치}{내용연수}$$

- **체감법(가속상각법)**: 내용연수 동안 감가상각액이 매 기간 감소하는 방법이다.
  - 정률법: 매기 감가상각비 = *미상각잔액 × 정률
    *미상각잔액 = 취득원가 - 감가상각누계액
  - 이중체감법(정액법의 배법): 매기 감가상각비 = 미상각잔액 × *상각률

$$*상각률(\%) = \frac{1}{내용연수} \times 2$$

  *이중체감법은 잔존가치를 무시한다.
  - 연수합계법(차액이 매기 일정)

$$매기\ 감가상각비 = (취득원가 - 잔존가치) \times \frac{잔존내용연수}{*내용연수\ 합계}$$

$$*내용연수\ 합계 = \frac{n \times (n+1)}{2} \quad (n:\ 내용연수)$$

- **생산량비례법(수익·비용에 합리적인 대응)**

$$매기\ 감가상각비 = (취득원가 - 잔존가치) \times \frac{당기실제생산량}{추정총생산량}$$

❍ 기중에 유형자산을 취득하거나 처분하는 경우에는 월할 상각한 후 회계처리한다.

(1) 정액법(定額法)

내용연수 기간 동안 일정액의 감가상각비를 계상하는 방법으로서 적용이 간편하다는 장점은 있지만, 매년의 감가상각비와 수선유지비의 합계액이 증가하고, 자산이 제공하는 경제적 효익은 일정하다는 가정하에 계상되기 때문에 일반적으로 수익과 비용의 합리적인 대응을 기대할 수 없다는 문제점이 있다.

(2) 체감잔액법(遞減殘額法)

취득원가에서 감가상각누계액을 차감한 잔액에 대하여 일정한 비율을 적용하여 계산하는 방법이다. 체감법(체감잔액법, 연수합계법)을 적용하면 감가상각비는 기간이 경과함에 따라 점차 감소하고, 수선유지비는 기간이 경과함에 따라 점차 증가하므로 총비용이 일정하게 인식되고 자산이 제공하는 경제적 효익도 일정하다는 가정하에 계상되기 때문에 일반적으로 수익과 비용의 합리적인 대응을 기대할 수 있는 방법이다.

① 일반적인 유형자산은 초기에 많은 수익을 제공하므로 수익·비용 대응의 원칙에 따라 초기에 많은 비용을 인식한다. 즉, 수익·비용 대응의 원칙에 충실한 방법이다.

② 체감잔액법(이중체감법·정률법)은 매기 체감률이 일정하지만, 연수합계법은 체감액이 일정하다.

③ 정률법은 잔존가액이 'W 0'인 경우 상각액을 구할 수 없기 때문에 세법상 유형자산의 잔존가액을 적용하여 정률을 계산하고 정률(%)에는 잔존가액과 내용연수가 고려되어 있으므로 마지막연도에 단수(끝수)조정이 발생하지 않는다.

④ 이중체감법은 잔존가액이 고려되지 않았으므로 마지막연도에 단수(끝수)조정하여 감가상각비를 계산하여야 한다.

(3) 연수합계법(年數合計法)

연수합계법은 급수법이라고도 한다. 매기 기초시점의 잔존내용연수를 감가상각비를 배분하는 기준급수로 설정하여 기간별 감가상각비를 계산한다. 연수합계법에서 연간 상각률과 상각액은 일정한 금액으로 감소된다.

(4) 생산량비례법

감모(고갈)성 자산(광업권 등) 등 경제적 효익의 감소가 자산의 이용 정도에 관련된 경우에 적합한 상각방법이다. 이 방법은 수익·비용 대응의 원칙에 가장 충실한 방법이다.

	정액법	매년 일정한 금액으로 배분되는 방법(균등상각법)
체감법	정률법	초기 감가상각비는 크고, 기간 경과에 따라 감소되는 방법
	이중체감법	
	연수합계법(급수법)	
비례법	생산량비례법	조업도에 비례하여 감가상각비가 배분되는 방법
	작업시간비례법	

7. 감가상각 초기의 크기

감가상각비	이중체감법 > 정률법 > 연수합계법 > 정액법
당기순이익	이중체감법 < 정률법 < 연수합계법 < 정액법
장부금액	이중체감법 < 정률법 < 연수합계법 < 정액법

> **핵심암기법** 초기 감가상각비 크기: 이정연정(순이익 크기는 반대) ⇨ **이** 중체감법 > **정** 률법 > **연** 수합계법 > **정** 액법

핵심 06 유형자산의 처분 및 손상 ★★★

1. 유형자산의 처분

(1) 매각처분

① 유형자산의 장부금액은 처분하는 때 또는 사용이나 처분을 통하여 미래경제적 효익이 기대되지 않을 때에 제거한다.

② 유형자산의 제거로 인하여 발생하는 손익은 자산을 제거할 때 당기손익으로 인식하고 유형자산의 순매각금액과 장부금액의 차이로 결정한다.

㉠ 순매각금액 = 처분가격 − 부대비용

㉡ 장부금액 = 취득원가 − (감가상각누계액 + 손상차손누계액 + 정부보조금)

(2) 매각예정

매각예정 비유동자산으로 별도로 분류하여 재무상태표에 공시한다.

① 유동자산으로 분류하고 감가상각을 하지 않는다.

② 사용이 중단된 시점의 순공정가치와 장부금액 중 작은 금액으로 측정하고, 순공정가치의 하락을 손상차손으로 인식하며, 회복되는 경우 손상차손누계액의 범위 내에서 손상차손환입을 인식한다.

2. 유형자산의 손상

(1) 유형자산 손상차손

유형자산의 장부금액은 매 보고기간 말에 손상징후가 있는지를 검토하여 손상징후가 있다면 당해 자산의 회수가능액을 추정하고, 유형자산의 회수가능액이 장부금액에 미달한다면 그 미달액을 손상차손으로 인식하여야 한다.

(차)유 형 자 산 손 상 차 손 　×××	(대)손 상 차 손 누 계 액 　×××

(2) 유형자산 손상차손환입

유형자산의 회수가능액이 회복되면 자산의 최초의 장부금액을 초과하지 않는 범위까지 환입하여 당기수익으로 인식한다.

(차)손 상 차 손 누 계 액 　×××	(대)손 상 차 손 환 입 　×××

(3) 손상차손의 인식

① 손상차손 = 장부금액 − 회수가능액
② 장부금액 = 취득원가 − 감가상각누계액
③ 회수가능액 = 순공정가치와 사용가치 중 큰 금액
④ 순공정가치 = 처분금액 − 처분부대비용

핵심 07　원가모형과 재평가모형

최초인식 후에는 원가모형이나 재평가모형 중 하나를 회계정책으로 선택하여 유형자산 분류별로 동일하게 적용하여야 한다. 원가모형을 선택하는 경우, 유형자산은 원가에서 감가상각누계액과 손상차손누계액을 차감한 금액으로 평가한다. 재평가모형을 선택하는 경우, 유형자산은 재평가금액, 즉 재평가일의 공정가치에서 재평가일 이후의 감가상각누계액과 손상차손누계액을 차감한 금액으로 평가한다.

1. 원가모형

원가모형은 유형자산의 취득 이후 후속 기간 중 공정가치의 변동을 고려하지 않는 방법으로, 최초인식 후에 유형자산은 원가에서 감가상각누계액과 손상차손누계액을 차감한 금액을 장부금액으로 한다.

$$장부금액 = 취득원가 - (감가상각누계액 + 손상차손누계액)$$

2. 재평가모형

최초인식 후에 공정가치를 신뢰성 있게 측정할 수 있는 유형자산은 재평가일의 공정가치에서 이후의 감가상각누계액과 손상차손누계액을 차감한 재평가금액을 장부금액으로 한다. 재평가는 보고기간 말에 자산의 장부금액이 공정가치와 중요하게 차이가 나지 않도록 주기적으로 수행한다. 공정가치가 상승하면 재평가잉여금을 인식하고, 하락하면 재평가손실을 인식한다.

$$장부금액 = 재평가금액 - (감가상각누계액 + 손상차손누계액)$$

(1) 재평가의 적용

재평가는 보고기간 말에 자산의 장부금액이 공정가치와 중요하게 차이가 나지 않도록 주기적으로 수행해야 하며, 특정 유형자산을 재평가할 때에는 해당 자산이 포함되는 유형자산 분류 전체를 동시에 재평가한다. 이는 유형자산별로 선택적 재평가를 하거나 서로 다른 기준일의 평가금액이 혼재된 재무보고를 하는 것을 방지하기 위함이다.

(2) 재평가의 빈도

재평가의 빈도는 재평가되는 유형자산의 공정가치 변동에 따라 달라진다. 재평가된 자산의 공정가치가 장부가액과 중요하게 차이가 나는 경우 추가적인 재평가가 필요하다. 중요하고 급격한 공정가치의 변동 때문에 매년 재평가가 필요한 유형자산이 있는 반면에 공정가치의 변동이 경미하여 빈번한 재평가가 필요하지 않은, 매 3년이나 5년마다 재평가하는 유형자산도 있다.

(3) 재평가의 회계처리

① **재평가로 장부금액이 증가하는 경우**(재평가액 120 > 장부금액 100)

자산의 장부금액이 재평가로 인하여 증가된 경우에 그 증가액은 기타포괄손익으로 인식하고 재평가잉여금의 과목으로 자본에 가산한다. 그러나 동일한 자산에 대하여 이전에 당기손익으로 인식한 재평가감소액이 있다면 그 금액을 한도로 재평가증가액만큼 당기손익으로 인식한다.

(차)토　　　　　　지	×××	(대)재 평 가 잉 여 금	×××
		또 는 (재 평 가 이 익)	

② **재평가로 장부금액이 감소하는 경우**(재평가액 80 < 장부금액 100)

자산의 장부금액이 재평가로 인하여 감소된 경우에 그 감소액은 당기손익으로 인식한다. 그러나 그 자산에 대한 재평가잉여금의 잔액이 있다면 그 금액을 한도로 재평가감소액을 기타포괄손익으로 인식한다.

(차)재 평 가 손 실 ××× 　또는(재평가잉여금)	(대)토　　　　지 ×××	

③ **감가상각누계액이 있는 경우**

　㉠ 감가상각누계액과 총장부금액을 비례적으로 수정하는 방법(비례수정법): 재평가 후 자산의 장부금액이 재평가금액과 일치하도록 감가상각누계액과 총장부금액을 비례적으로 수정하는 방법이다.

　㉡ 감가상각누계액을 우선 제거하는 방법(순액법): 총장부금액에서 기존의 감가상각누계액을 우선 제거하여 자산의 순장부금액이 재평가금액이 되도록 수정하는 방법이다.

(4) 재평가잉여금의 대체

재평가잉여금은 그 자산이 제거될 때 이익잉여금으로 직접 대체할 수 있다. 자산이 폐기되거나 처분될 때 재평가잉여금 전부를 이익잉여금으로 대체하거나 기업이 그 자산을 사용함에 따라 재평가잉여금의 일부를 대체할 수도 있다. 재평가잉여금을 이익잉여금으로 대체하는 경우 그 금액은 당기손익으로 인식하지 않는다.

빈칸 채우기로 CHAPTER 마무리

❶ 차입원가: 의도한 용도로 사용 가능한 상태에 이르기까지 상당한 기간을 필요로 하는 (　　　　　　)의 취득, 건설, 제조와 직접 관련된 차입원가(이자)는 당해 자산의 원가를 구성한다.

---

❷ 감가상각의 기간(내용연수): 감가상각은 (　　　　　　) 때부터 시작하고, 매각 예정으로 분류되는 날 또는 자산이 제거되는 날 중 (　　　　　　)에 중지한다. 따라서 유형자산이 가동되지 않거나 운휴상태가 되더라도 감가상각을 중단하지 않는다. 다만, 유형자산의 사용 정도에 따라 감가상각하는 경우에는 생산 활동이 이루어지지 않을 때 감가상각을 인식하지 않을 수 있다.

정답

① 적격자산　② 사용가능한 / 이른 날

---

❸ 감가상각방법과 주요이론
  • 유형자산의 감가상각방법은 적어도 매 회계연도 말에 재검토한다. 재검토 결과 예상되는 소비 형태에 중요한 변동이 있다면, 변동된 소비 형태를 반영하기 위하여 감가상각방법을 변경한다. 이러한 변경은 (   )의 변경으로 회계처리한다.
  • 유형자산의 잔존가치와 내용연수는 적어도 매 회계기말에 재검토한다. 재검토 결과 추정치가 종전의 추정치와 다르다면 그 차이는 (   )의 변경으로 회계처리한다.
  • 각 기간에 배분된 감가상각비는 다른 자산의 제조와 관련된 경우에는 관련 자산의 제조원가로, 그 밖의 경우에는 포괄손익계산서의 비용으로 인식한다.
  • 유형자산을 구성하는 일부의 원가가 당해 유형자산의 전체원가와 비교하여 중요하다면 그 부분을 별도로 구분하여 (   )한다. 또한 유형자산의 전체원가와 비교하여 해당원가가 중요하지 않은 부분도 별도로 분리하여 (   )할 수 있다.

❹ 재평가모형: 재평가는 보고기간 말에 자산의 장부금액이 공정가치와 중요하게 차이가 나지 않도록 (   )으로 수행한다.

❺ 재평가의 빈도
  • 재평가의 빈도는 재평가되는 유형자산의 공정가치 변동에 따라 달라진다. 매년 재평가가 필요한 유형자산이 있는 반면에 공정가치의 변동이 경미하여 빈번한 재평가가 필요하지 않은 유형자산도 있다. 즉, 매 (   )이나 (   )마다 재평가하는 것으로 충분한 유형자산도 있다.
  • 특정 유형자산을 재평가할 때, 해당 자산이 포함되는 유형자산 분류 전체를 (   )한다.

❻ 유형자산의 손상차손: 매 보고기간 말에 유형자산 손상을 시사하는 징후가 있는지를 검토한다. 회수가능액은 (   )와 (   ) 중 큰 금액으로 한다.

❼ 유형자산의 원가는 인식시점의 (   )이다. 다만, 대금지급이 일반적인 신용기간을 초과하여 이연되는 경우, 현금가격상당액을 취득원가로 하고, 현금가격상당액과 실제 총지급액과의 차액은 신용기간에 걸쳐 (   )으로 인식한다.

❽ 유형자산 취득원가는 (   )에 관세 및 취득 관련 제세금(환급세액 제외)을 가산하고 (   )과 (   ) 등을 차감한 가격이다.

❾ 취득이 완료되어 유형자산이 경영진이 의도하는 방식으로 가동될 수 있는 장소와 상태에 이른 후에는 원가를 더 이상 인식하지 않는다.
  • 유형자산이 경영진이 의도하는 방식으로 가동될 수 있으나 아직 실제로 사용되지는 않고 있는 경우, 또는 가동수준이 (   ) 수준에 미치지 못하는 경우에 발생하는 원가
  • 유형자산과 관련된 산출물에 대한 수요가 형성되는 과정에서 발생하는 (   )
  • 기업의 영업 전부 또는 일부를 (   )하거나 (   )하는 과정에서 발생하는 원가

정답
③ 회계추정 / 회계추정 / 감가상각 / 감가상각   ④ 주기적   ⑤ 3년 / 5년 / 재평가   ⑥ 순공정가치 / 사용가치
⑦ 현금가격상당액 / 이자비용   ⑧ 구입금액 / 매입할인 / 리베이트   ⑨ 완전조업도 / 초기 가동손실 / 재배치 / 재편성

⑩ (   )은 의도한 용도로 사용하거나 판매 가능한 상태에 이르게 하는 데 상당한 기간을 필요로 하는 자산을 말한다.

⑪ (   ) 지출은 자산의 인식요건을 충족시키는 지출로서, 유형자산의 내용연수를 연장시키거나 실질적으로 가치를 증가시키는 것으로 당해 유형자산의 (   )에 포함한다.

⑫ (   ) 지출은 유형자산을 원상회복시키거나 능률유지를 위한 지출로서, 자산의 인식요건을 충족하지 못하는 지출이므로 발생 즉시 (   )으로 처리한다.

⑬ 정기적인 종합검사비용은 일반적으로 발생한 기간의 비용으로 처리한다. 그러나 종합검사비용이 자산의 인식조건을 충족하면 자산원가에 (   )한다.

⑭ 대금지급이 일반적인 신용기간을 초과하여 대금의 지급을 이연시킨 경우, (   )과 실제 총지급액과의 차액은 신용기간에 걸쳐 (   )으로 인식해야 한다.

⑮ 현물출자·증여·기타 무상으로 취득한 자산의 원가는 (   )로 평가한다.

⑯ 유형자산의 (   )가 장부금액을 초과하는 경우에는 감가상각은 영(0)이 된다. 그러므로 잔존가치가 작아질 때까지 감가상각을 (   )하지 않는다.

⑰ (   )은 내용연수 기간 동안 일정액의 감가상각비를 계상하는 방법으로서 적용이 간편하다는 장점은 있다. 하지만 자산이 제공하는 경제적 효익은 일정하다는 가정하에 계상되기 때문에 일반적으로 수익과 비용의 합리적인 대응을 기대할 수 없다는 문제점이 있다.

⑱ (   )은 감모성 또는 고갈성 자산 등 경제적 효익의 감소가 자산의 이용 정도에 관련된 경우에 적합한 상각방법이다. 이 방법은 수익·비용 대응의 원칙에 가장 충실한 방법이다.

⑲ 매각예정 비유동자산은 재무상태표에 (   )자산으로 분류하고 (   )을 하지 않는다.

⑳ 유형자산의 회수가능액이 회복되면 자산의 최초의 장부금액을 초과하지 않는 범위까지 손상차손을 환입하여 (   )으로 인식한다.

㉑ 재평가는 보고기간 말에 자산의 장부금액이 (   )와 중요하게 차이가 나지 않도록 (   )으로 수행해야 하며, 특정 유형자산을 재평가할 때에는 해당 자산이 포함되는 유형자산 분류 전체를 (   )에 재평가한다.

정답
⑩ 적격자산   ⑪ 자본적 / 원가   ⑫ 수익적 / 당기비용   ⑬ 가산   ⑭ 현금가격상당액 / 이자비용   ⑮ 공정가치
⑯ 잔존가치 / 인식   ⑰ 정액법   ⑱ 생산량비례법   ⑲ 유동 / 감가상각   ⑳ 당기수익   ㉑ 공정가치 / 주기적 / 동시

CHAPTER
09 무형자산과 투자부동산

▶ **연계학습** | 에듀윌 기본서 1차 [회계원리 上] p.346 　　　　　　　　　　회독체크 1 2 3

CHAPTER 미리보기

01 무형자산의 기초개념 　　　　　　　　03 투자부동산 ★★☆
02 개발비와 영업권

핵심 01　무형자산의 기초개념

1. 무형자산의 정의 및 인식

무형자산(無形資産)은 물리적 실체는 없지만 식별 가능한 비화폐성자산이다. 무형자산은 기업이 통제하고 있으며, 미래경제적 효익이 있는 비화폐성자산으로 다음의 요건을 모두 충족한 경우에만 무형자산으로 인식하고, 그렇지 않은 경우는 당기비용으로 인식한다.

(1) 식별 가능성(임대, 매각, 교환, 분배)

① **분리 가능할 것**: 자산이 분리 가능하다는 것은 그 자산과 함께 동일한 수익창출 활동에 사용되는 다른 자산의 미래경제적 효익을 희생하지 않고 그 자산을 임대, 매각, 교환, 분배할 수 있는 것을 말한다.

② **자산이 계약상 권리 또는 기타 법적 권리로부터 발생**: 이 경우에는 이전가능이나 분리가능성 여부를 고려하지 않는다.

(2) 통제

특정 실체가 다른 실체에 대하여 무형자산에 대한 미래경제적 효익을 확보할 수 있고 제3자의 접근을 제한할 수 있다면 자산을 통제하고 있는 것이다.

(3) 미래의 경제적 효익

무형자산으로 인한 미래의 경제적 효익은 재화의 매출, 용역수익, 원가절감, 자산의 사용에 따른 기타 효익의 형태로 발생하며 이를 확인할 수 있어야 한다.

2. 무형자산의 특징

① 물리적 실체가 없는 자산이다.

② 법률상의 권리 또는 경제적 권리를 나타내는 자산이다.

③ 당해 무형자산이 기업실체에 제공하는 미래경제적 효익의 실현가능성이 상대적으로 불확실한 자산이다.

④ 대체적인 용도에 이용할 수 없고, 대체적인 가치로 평가할 수 없는 자산이다.

⑤ 비화폐성자산이며 비금융자산이다.

3. 무형자산의 분류

무형자산은 산업재산권(특허권, 실용신안권, 의장권, 상표권), 라이선스와 프랜차이즈, 저작권, 컴퓨터 소프트웨어, 임차권리금, 어업권, 개발비 등이 있다.

● 개발비는 인식요건 모두를 충족하는 경우에만 무형자산으로 인식하며, 그 외의 경우에는 경상개발비의 과목으로 하여 발생한 시점에서 비용으로 인식한다.

4. 무형자산의 최초인식

자산에서 발생하는 미래경제적 효익이 기업에 유입될 가능성이 높고, 자산의 원가를 신뢰성 있게 측정할 수 있는 경우에만 무형자산을 인식한다.

① 미래경제적 효익의 유입가능성은 개별 취득하는 무형자산과 사업결합으로 취득하는 무형자산에 대하여 항상 충족되는 것으로 본다.

② 최초에 비용으로 인식한 무형항목에 대한 지출은 그 이후에 무형자산의 원가로 인식할 수 없다.

(1) 개별 취득

구입원가와 자산을 사용할 수 있도록 준비하는 데 직접 관련되는 지출로 구성된다. 매입할인과 리베이트 등이 있는 경우 이를 차감하여 취득원가를 산출한다.

(2) 매수기업결합으로 인한 취득

사업결합으로 취득하는 무형자산의 취득원가는 취득일의 공정가치로 한다.

(3) 정부보조금에 의한 취득

무형자산을 무상이나 낮은 대가로 취득하는 경우 최초의 공정가치로 인식할 수 있다.

(4) 교환에 의한 취득

무형자산의 원가는 공정가치로 측정한다. 그러나 교환거래에 상업적 실질이 결여된 경우 제공한 자산의 장부금액으로 측정한다.

(5) 내부적으로 창출한 무형자산

① 무형자산의 창출 과정을 연구단계와 개발단계로 구분한다. 무형자산을 창출하기 위한 내부 프로젝트를 연구단계와 개발단계로 구분할 수 없는 경우에는 그 프로 젝트에서 발생한 지출은 모두 연구단계에서 발생한 것으로 본다.

② 내부적으로 창출한 영업권, 브랜드, 제호, 출판표제, 고객목록과 이와 유사한 항 목은 사업을 전체적으로 개발하는 데 발생한 원가와 구별할 수 없으므로 무형자 산으로 인식하지 아니한다.

> • 내부적으로 창출된 영업권은 자산으로 인식하지 않는다.
> • 연구단계에서 발생한 연구비는 발생시점에서 비용으로 처리한다.
> • 개발단계에서 발생한 개발비는 개발비의 요건을 충족시키면 무형자산인 개발비로 처리하고, 그 렇지 않은 경우에는 경상개발비로 처리하여 비용으로 인식한다.
> • 내부적으로 창출한 브랜드, 제호, 출판표제, 고객목록과 이와 실질이 유사한 항목은 무형자산으 로 인식하지 않는다.

5. 무형자산의 후속측정(재평가)

무형자산은 최초에 취득원가로 평가한 후, 회계정책으로 원가모형이나 재평가모형 을 선택할 수 있다. 재평가는 재무상태표일에 자산의 장부금액이 공정가치와 중요하 게 차이가 나지 않도록 주기적으로 수행한다.

(1) 원가모형

최초인식 후에 무형자산은 취득원가에서 상각누계액과 손상차손누계액을 차감한 금 액을 장부금액으로 한다.

(2) 재평가모형

최초인식 후에 무형자산은 재평가일의 공정가치에서 이후의 상각누계액과 손상차손 누계액을 차감한 재평가금액을 장부금액으로 한다. 재평가금액인 공정가치는 활성 거래시장에서 형성된 가격을 말한다.

6. 무형자산의 상각

무형자산은 내용연수가 유한인지 비한정인지를 평가하고, 내용연수가 유한한 무형 자산은 내용연수 동안 체계적인 방법으로 상각하여 당기비용으로 처리하고, 내용연 수가 비한정인 무형자산은 상각하지 않는다.

> 무형자산의 상각은 자산이 사용가능한 때부터 상각을 시작하고, 자산이 매각예정으로 분류되는 날 과 제거되는 날 중 이른 날에 상각을 중지한다.

(1) 내용연수가 유한한 무형자산

① **상각대상금액**: 내용연수가 유한한 자산의 상각대상금액은 취득원가에서 잔존가치를 차감하여 결정한다.

② **잔존가치**: 내용연수가 유한한 무형자산의 잔존가치는 내용연수 종료 시점에 제3자가 자산을 구입하기로 한 약정이 있을 때를 제외하고는 영(0)으로 본다.

③ **내용연수**: 무형자산의 내용연수는 경제적 내용연수와 법적 내용연수 중 짧은 기간으로 한다. 무형자산의 내용연수와 잔존가치는 적어도 매 회계기간 말에는 재검토하고, 종전의 추정치와 다르면 변경하여 회계처리하고 이러한 변경은 회계추정의 변경으로 처리한다.

④ **상각방법**: 무형자산의 상각방법은 자산의 경제적 효익이 소비되는 형태를 반영한 방법이어야 하고, 소비되는 형태를 신뢰성 있게 결정할 수 없는 경우에는 정액법을 사용한다. 무형자산의 상각방법은 적어도 매 회계기간 말에 재검토하고 미래경제적 효익의 예상 소비 형태가 변동하면 변동된 소비 형태를 반영하기 위하여 상각방법을 변경한다. 그러한 변경은 회계추정의 변경으로 회계처리한다.

⑤ **상각액의 처리**: 무형자산의 상각액은 일반적으로 당기손익으로 인식한다. 그러나 다른 자산의 생산에 소모되는 경우에는 그 자산의 장부금액에 포함된다.

(2) 내용연수가 비한정인 무형자산

내용연수가 비한정인 무형자산은 상각하지 아니하고, 매년 또는 손상의 징후가 있을 때마다 장부금액과 회수가능액을 비교하여 손상검사를 수행하여야 한다.

① 상각하지 않는 무형자산에 대하여 사건과 상황이 그 자산의 내용연수가 비한정이라는 평가를 계속하여 정당화하는지를 매 회계기간에 검토한다. 사건과 상황이 그러한 평가를 정당화하지 않는 경우에 비한정 내용연수를 유한 내용연수로 변경하는 것은 회계추정의 변경으로 회계처리한다.

② 비한정 내용연수를 유한 내용연수로 재평가하는 것은 그 자산의 손상을 시사하는 하나의 징후가 된다.

(3) 무형자산의 손상

매 보고기간 말에 손상징후를 검토하여 손상징후가 있으면 회수가능액을 추정하여야 한다. 재평가모형으로 평가한 무형자산의 경우에는 활성시장이 존재하지 않으면 자산이 손상되었다는 의미일 수 있다.

① 내용연수가 비한정인 무형자산은 손상징후와 관계없이 정기적으로 손상검사를 수행하여야 한다. 무형자산의 장부금액이 회수가능액을 초과하면 그 초과액을 손상차손으로 인식하여 당기손익에 반영해야 한다.

② 손상차손을 인식한 후 회수가능액이 회복되면 손상차손을 인식하기 전 장부금액의 상각 후 잔액을 한도로 손상차손을 환입하여 그 환입액은 당기손익에 반영한다.

핵심 02 | 개발비와 영업권

1. 개발비

내부적으로 창출한 무형자산이 인식기준을 충족하는지를 평가하기 위해 무형자산의 창출과정을 연구단계와 개발단계로 구분한다. 연구단계와 개발단계를 구분할 수 없는 내부프로젝트에서 발생한 모든 지출은 연구단계에서 발생한 것으로 본다.

(1) 연구단계

연구 또는 프로젝트의 단계에서 발생하는 지출은 무형자산으로 인식하지 않고, 발생시점에 비용으로 인식한다.

예 • 새로운 지식을 얻고자 하는 활동
   • 연구결과나 기타 지식을 탐색, 평가, 최종선택, 응용하는 활동
   • 재료, 장치, 제품, 공정, 시스템이나 용역에 대한 여러 가지 대체안을 탐색하는 활동
   • 새롭거나 개선된 재료, 장치, 제품, 공정, 시스템이나 용역에 대한 여러 가지 대체안을 제안, 설계, 평가, 최종 선택하는 활동

(2) 개발단계

① 개발단계는 연구단계보다 훨씬 더 진전되어 있는 상태이다.

   예 • 생산이나 사용 전의 시제품과 모형을 설계, 제작, 시험하는 활동
      • 새로운 기술과 관련된 공구, 지그, 주형, 금형 등을 설계하는 활동
      • 상업적 생산 목적으로 실현가능한 경제적 규모가 아닌 시험공장을 설계, 건설, 가동하는 활동
      • 신규 또는 개선된 재료, 장치, 제품, 공정, 시스템이나 용역에 대하여 최종적으로 선정된 안을 설계, 제작, 시험하는 활동

② 개발단계 또는 내부 프로젝트의 개발단계에서 발생한 지출은 자산의 인식요건을 충족한 경우 무형자산(개발비)으로 인식하고, 그 외의 지출에 대해서는 발생한 기간의 비용(경상개발비)으로 인식한다.

▶ 연구단계 · 개발단계

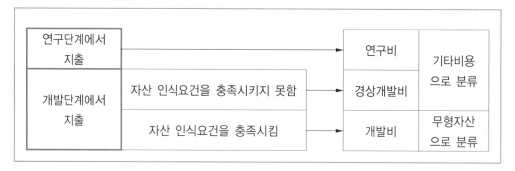

2. 영업권

(1) 영업권의 의의

영업권(Goodwill)은 기업과 분리하여 식별할 수 없는 무형의 자산이다. 영업권은 우수한 경영진, 뛰어난 판매조직, 양호한 신용, 원만한 노사관계, 기업의 좋은 이미지 등 동종의 다른 기업에 비하여 특별히 유리한 사항들을 집합한 무형의 자원을 말한다. 영업권은 다른 무형자산들과는 달리 식별 가능하지 않으며, 개별적으로는 판매되거나 교환될 수 없고, 기업 전체와 관련지어서만 확인 가능하다는 특징이 있다. 영업권은 발생 유형에 따라 사업결합으로 취득한 영업권과 내부적으로 창출한 영업권으로 분류할 수 있다.

① **사업결합으로 취득한 영업권**: 기업이 다른 기업이나 사업을 매수·합병하는 경우에 발생한 영업권을 말한다.
  ㉠ 순자산의 공정가치 < 사업결합 대가(원가) ⇨ 영업권(자산으로 인식)
  ㉡ 순자산의 공정가치 > 사업결합 대가(원가) ⇨ 염가매수차익(당기수익으로 인식)
② **내부적으로 창출한 영업권**: 기업이 스스로 영업권을 계상한 경우에 발생한 영업권을 말한다. 내부적으로 창출한 영업권은 취득원가를 신뢰성 있게 측정할 수 없고 기업이 통제하고 있는 식별가능한 자원이 아니기 때문에 자산으로 인식할 수 없다.

(2) 영업권의 상각과 손상

한국채택국제회계기준에서는 영업권의 내용연수는 비한정인 것으로 가정하여 상각하지 않고 매 보고기말에 손상검사를 하여야 한다. 손상검사 결과 영업권의 장부금액이 회수가능액을 초과하면 그 초과액을 손상차손으로 처리하여 당기손익에 반영한다. 다만, 손상차손을 인식한 후에 회수가능액이 장부금액을 초과한 경우에는 그 초과액을 손상차손환입으로 처리할 수 없다. 그 이유는 영업권의 손상차손을 환입하는 것은 자가 창출영업권을 인식하는 결과를 가져오기 때문이다.

1. 투자부동산의 의의

투자부동산은 임대수익이나 시세차익 또는 두 가지 모두를 얻기 위하여 소유자나 금융리스의 이용자가 보유하고 있는 부동산[토지, 건물(또는 건물의 일부분) 또는 두 가지 모두]을 말한다. 다만, 다음의 목적으로 보유하는 부동산은 제외한다.
① 재화의 생산이나 용역의 제공 또는 관리 목적에 사용
② 정상적인 영업과정에서의 판매

2. 투자부동산으로 보는 사례

① 장기 시세차익을 얻기 위하여 보유하고 있는 토지(정상적인 영업과정에서 단기간에 판매하기 위하여 보유하는 토지는 제외한다)
② 장래 사용목적을 결정하지 못한 채로 보유하고 있는 토지(만약 토지를 자가사용할지 또는 정상적인 영업과정에서 단기간에 판매할지를 결정하지 못한 경우 당해 토지는 시세차익을 얻기 위하여 보유하고 있는 것으로 본다)
③ 직접 소유하고 운용리스로 제공하고 있는 건물
④ 운용리스로 제공하기 위하여 보유하고 있는 미사용 건물
⑤ 미래에 투자부동산으로 사용하기 위하여 건설 또는 개발 중인 부동산

3. 투자부동산으로 보지 않는 사례

다음은 투자부동산이 아닌 항목의 예이며, 따라서 이 기준서를 적용하지 아니한다.
① 통상적인 영업과정에서 판매하기 위한 부동산이나 이를 위하여 건설 또는 개발 중인 부동산 (예 가까운 장래에 판매하거나 개발하여 판매하기 위한 목적으로만 취득한 부동산)
② 자가사용부동산, 미래에 자가사용하기 위한 부동산, 미래에 개발 후 자가사용할 부동산, 종업원이 사용하고 있는 부동산(종업원이 시장요율로 임차료를 지급하고 있는지는 관계없음), 처분 예정인 자가사용부동산을 포함한다.
③ 금융리스로 제공한 부동산

4. 최초인식과 측정

(1) 최초인식

투자부동산으로 인식하기 위해서는 발생한 원가가 다음의 인식기준을 모두 충족하여야 한다.

① 자산에서 발생하는 미래경제적 효익이 기업에 유입될 가능성이 높다.

② 자산의 원가를 신뢰성 있게 측정할 수 있다.

(2) 최초측정

투자부동산은 최초인식시점의 공정가치를 취득원가로 측정한다. 투자부동산의 취득원가는 투자부동산의 구입금액과 구입에 직접 관련이 있는 지출로 구성된다.

5. 후속측정(재평가)

투자부동산은 원가모형과 공정가치모형 중 하나를 선택하여 모든 투자부동산에 적용한다. 다만, 운용리스에서 리스이용자가 보유하는 부동산에 대한 권리를 투자부동산으로 분류하는 경우에는 투자부동산에 대한 평가방법을 선택할 수 없으며 공정가치모형만 적용한다.

(1) 원가모형

투자부동산의 평가방법을 원가모형으로 선택한 경우에는 모든 투자부동산에 대하여 원가모형으로 측정하고, 내용연수에 걸쳐서 감가상각을 하고, 공정가치의 변동을 반영하지 않는다.

(2) 공정가치모형

투자부동산에 대하여 공정가치모형을 선택한 경우에는 최초인식 후 모든 투자부동산을 공정가치로 측정하고 감가상각을 하지 않는다. 투자부동산의 공정가치 변동으로 발생하는 손익은 발생한 기간의 당기손익(평가손익)에 반영한다.

① **공정가치 150 > 장부금액 100**

(차)투 자 부 동 산	50	(대)투자부동산평가이익	50

② **공정가치 150 < 장부금액 180**

(차)투자부동산평가손실	30	(대)투 자 부 동 산	30

6. 투자부동산의 보유목적 변경

투자부동산의 보유목적 변경이 다음과 같은 사실로 입증되는 경우에는 투자부동산의 계정에서 다음의 계정으로 대체가 발생할 수 있다.

상황	계정대체
자가사용의 개시	투자부동산 ⇨ 유형자산으로 대체
판매를 위한 개발시작	투자부동산 ⇨ 재고자산으로 대체
자가사용의 종료	유형자산 ⇨ 투자부동산으로 대체
제3자에 운용리스	재고자산 ⇨ 투자부동산으로 대체

빈칸 채우기로 CHAPTER 마무리

❶ 내부적으로 창출된 무형자산: 무형자산의 창출 과정을 연구단계와 개발단계로 구분한다. 무형자산을 창출하기 위한 내부 프로젝트를 연구단계와 개발단계로 구분할 수 없는 경우에는 그 프로젝트에서 발생한 지출은 모두 (   )에서 발생한 것으로 본다.

❷ 무형자산의 상각: 무형자산의 상각방법은 합리적인 방법으로 한다. 다만, 소비되는 형태를 신뢰성 있게 결정할 수 없는 경우에는 (   )을 사용한다.

❸ 미래경제적 효익의 유입가능성은 (   )하는 무형자산과 사업결합으로 취득하는 무형자산에 대하여 항상 (   )되는 것으로 본다.

❹ 최초에 비용으로 인식한 무형항목에 대한 지출은 그 이후에 무형자산의 (   )로 인식할 수 없다.

❺ 개발단계에서 발생한 개발비는 개발비의 요건을 충족시키면 무형자산인 (   )로 처리하고, 그렇지 않은 경우에는 (   )로 처리하여 비용으로 인식한다.

❻ 내부적으로 창출한 브랜드, 제호, 출판표제, 고객목록과 이와 실질이 유사한 항목은 무형자산으로 (   )하지 않는다.

❼ 무형자산은 최초에 취득원가로 평가한 후, 회계정책으로 (   )모형이나 (   )모형을 선택할 수 있다. 재평가는 재무상태표일에 자산의 장부금액이 공정가치와 중요하게 차이가 나지 않도록 (   )으로 수행한다.

❽ 무형자산은 내용연수가 (   )인지 (   )인지를 평가하고, 내용연수가 유한한 무형자산은 내용연수 동안 체계적인 방법으로 상각하여 (   )으로 처리하고, 내용연수가 비한정인 무형자산은 (   )하지 않는다.

정답
① 연구단계   ② 정액법   ③ 개별 취득 / 충족   ④ 원가   ⑤ 개발비 / 경상개발비   ⑥ 인식   ⑦ 원가 / 재평가 / 주기적   ⑧ 유한 / 비한정 / 당기비용 / 상각

⑨ 무형자산의 잔존가치는 내용연수 종료 시점에 제3자가 자산을 구입하기로 한 약정이 있을 때를 제외하고는 (   )으로 본다.

⑩ 무형자산의 내용연수는 (   ) 내용연수와 (   ) 내용연수 중 (   ) 기간으로 한다. 무형자산의 내용연수와 잔존가치는 적어도 매 회계기간 말에는 재검토하고, 종전의 추정치와 다르면 변경하여 회계처리하고 이러한 변경은 (   )의 변경으로 처리한다.

⑪ 상각하지 않는 무형자산에 대하여 사건과 상황이 그 자산의 내용연수가 비한정이라는 평가를 계속하여 정당화하는지를 매 회계기간에 검토한다. 사건과 상황이 그러한 평가를 정당화하지 않는 경우에 비한정 내용연수를 유한 내용연수로 변경하는 것은 (   )의 변경으로 회계처리한다.

⑫ 투자부동산은 (   )이나 (   ) 또는 두 가지 모두를 얻기 위하여 소유자나 금융리스의 이용자가 보유하고 있는 부동산을 말한다.

⑬ 통상적인 영업과정에서 판매하기 위한 부동산이나 이를 위하여 건설 또는 개발 중인 부동산은 (   )이 아니다.

⑭ 자가사용부동산, 미래에 자가사용하기 위한 부동산, 미래에 개발 후 자가사용할 부동산, 종업원이 사용하고 있는 부동산 등은 (   )에 포함하지 않는다.

⑮ 금융리스로 제공한 부동산은 (   )이 아니라 유형자산의 처분으로 본다.

⑯ 투자부동산에 대하여 공정가치모형을 선택한 경우에는 최초인식 후 (   ) 투자부동산을 공정가치로 측정하고 감가상각을 하지 않는다. 투자부동산의 공정가치 변동으로 발생하는 손익은 발생한 기간의 (   )에 반영한다.

정답

⑨ 영(0)   ⑩ 경제적 / 법적 / 짧은 / 회계추정   ⑪ 회계추정   ⑫ 임대수익 / 시세차익   ⑬ 투자부동산
⑭ 투자부동산   ⑮ 투자부동산   ⑯ 모든 / 당기손익

하고 싶은 일에는
방법이 보이고
하기 싫은 일에는
핑계가 보인다.

– 필리핀 격언

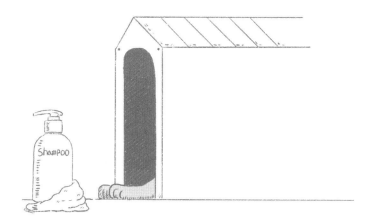

▶ **연계학습** | 에듀윌 기본서 1차 [회계원리 上] p.373

CHAPTER 미리보기

핵심 01 **부채의 기초개념**

1. 부채의 정의

부채(負債)는 과거의 거래나 사건의 결과로, 특정 실체가 미래에 다른 실체에게 자산을 이전하거나 용역을 제공해야 하는 현재의 의무로서 '경제적 효익의 미래 희생'이라고 정의할 수 있다. 이때 부채로 인식하기 위한 기본요건은 다음과 같다.

> 부채가 존재하기 위해서는 다음의 세 가지 조건을 모두 충족하여야 한다.
> • 기업에게 의무가 있다.
> • 의무는 경제적 자원을 이전하는 것이다.
> • 의무는 과거사건의 결과로 존재하는 현재의무이다.

(1) 과거사건의 결과로 기업이 경제적 자원을 이전해야 하는 현재의무이다.

① **법률상의 의무**: 법률에 의하여 강제할 수 있는 의무

② **의제의무**: 의무가 이행될 것이라는 사회 통념상의 의무

(2) 현재의무를 이행하기 위하여 경제적 효익(자원)의 유출 가능성이 높아야 한다.

현재의무의 존재 여부가 불분명한 경우에는 이용할 수 있는 모든 증거를 고려하여 보고기간 말에 현재의무가 존재할 가능성이 존재하지 아니할 가능성보다 높다면 과거사건이 현재의무를 발생시킨 것으로 간주한다.

(3) 그 금액을 신뢰성 있게 측정할 수 있어야 한다.

2. 부채의 분류

부채는 상환기간에 따라 유동부채와 비유동부채, 금액의 확실성 정도에 따라 확정부채와 충당부채, 성격에 따라 금융부채와 비금융부채로 분류할 수 있다.

(1) 유동부채와 비유동부채

① **유동부채**: 다음의 경우에는 유동부채로 분류한다.

  ㉠ 정상영업주기 내에 결제될 것으로 예상하고 있다.

  ㉡ 주로 단기매매 목적으로 보유하고 있다.

  ㉢ 보고기간 후 12개월 이내에 결제하기로 되어 있다.

  ㉣ 보고기간 후 12개월 이상 부채의 결제를 연기할 수 있는 무조건의 권리를 가지고 있지 않다.

② **비유동부채**: 유동부채를 제외한 그 밖의 모든 부채는 비유동부채로 분류한다.

> • 매입채무 그리고 종업원 및 그 밖의 영업원가에 대한 미지급비용 등은 보고기간 후 12개월 후에 결제일이 도래하여도 유동부채로 분류한다.
> • 원래의 결제기간이 12개월을 초과하는 경우라도 보고기간 후 12개월 이내에 결제일이 도래하면 유동부채로 분류한다.

(2) 확정부채와 추정부채

① **확정부채**: 보고기간말 현재 부채의 존재가 확실하며 채권자와 지급할 금액이나 지출시기가 확정되어 있는 대부분의 부채를 말한다.

② **추정부채**(미확정부채): 보고기간말 현재 부채의 존재가 불확실하거나 지출시기 또는 금액이 불확실한 부채를 말하며, 충당부채(부채로 인식)와 우발부채로 구분된다.

(3) 금융부채와 비금융부채

금융부채는 거래상대방에게 금융자산을 인도하기로 한 계약상의 의무(특별한 경우 자기지분상품을 인도하기로 한 계약상의 의무를 포함)이다. 금융부채의 구체적인 내용은 다음과 같다.

① **금융자산을 인도하기로 한 계약상의 의무**

② **자기지분상품을 인도함으로써 결제되거나 결제될 수 있는 계약**: 모든 금융부채는 당기손익−공정가치 측정 금융부채와 기타 특별한 기준을 적용하는 경우를 제외하고는 모두 상각 후 원가로 측정되도록 분류한다.

(4) 금융부채: 금융부채는 최초인식 후 다른 금융부채로 재분류하지 않는다.

① **AC 금융부채**: 사채 등

② **FVPL 금융부채**: 단기매매 목적으로 취득한 금융부채와 당기손익-공정가치 측정 항목으로 선택하여 지정한 금융부채

③ 금융부채는 최초인식 후 다른 금융부채로 재분류하지 않는다.

금융부채가 아닌 것(비금융부채)

• 비금융상품으로 결제되는 계약상의 의무 ⇨ 선수금, 선수수익 등
• 의제의무 ⇨ 충당부채
• 계약이 아닌 법률에 의한 채무 ⇨ 미지급법인세, 이연법인세부채 등
• 실물자산: 재고자산, 유형자산 등

핵심 02 충당부채와 우발부채 ★★☆

충당부채는 과거사건이나 거래의 결과에 의한 현재의무로서, 지출의 시기 또는 금액이 불확실하지만 그 의무를 이행하기 위하여 자원이 유출될 가능성이 높고, 또한 당해 금액을 신뢰성 있게 추정할 수 있는 의무를 말한다.

우발부채는 과거사건은 발생하였으나 기업이 전적으로 통제할 수 없는 하나 또는 그 이상의 불확실한 미래사건의 발생 여부에 의해서만 그 존재 여부가 확인되는 잠재적 의무이거나, 그 의무를 이행하기 위하여 자원이 유출될 가능성이 높지 않거나, 의무를 이행하기 위한 금액을 신뢰성 있게 추정할 수 없는 경우이며, 이를 우발부채로 분류하여 주석으로 표시한다.

1. 충당부채의 인식요건

① 과거사건이나 거래의 결과로 현재의무가 존재한다.

㉠ **법률상 의무**: 법률에 의하여 강제할 수 있는 의무

㉡ **의제의무**: 의무가 이행될 것이라는 사회 통념상의 의무

② 현재의무를 이행하기 위하여 경제적 효익(자원)이 유출될 가능성이 높아야 한다.

③ 그 의무를 이행하는 데 소요되는 금액을 신뢰성 있게 측정할 수 있어야 한다. 충당부채의 명목가액과 현재가치의 차이가 중요한 경우에는 의무를 이행하기 위하여 지출될 것으로 예상되는 지출액의 현재가치로 평가한다.

④ 현재의무의 존재 여부가 불분명한 경우에는 이용할 수 있는 모든 증거를 고려하여 보고기간 말에 현재의무가 존재할 가능성이 존재하지 아니할 가능성보다 높은 경우 과거사건이 현재의무를 발생시킨 것으로 간주한다.

2. 충당부채의 측정

① 충당부채로 인식하는 금액은 현재의무를 보고기간 말에 이행하기 위하여 소요되는 지출에 대한 최선의 추정치이어야 한다.

② 화폐의 시간가치 효과가 중요한 경우, 충당부채는 의무를 이행하기 위하여 예상되는 지출액의 현재가치로 평가한다.

③ 할인율은 부채의 고유한 위험과 화폐의 시간가치에 대한 현행 시장의 평가를 반영한 세전 이율이다.

④ 현재의무를 이행하기 위하여 소요되는 지출 금액에 영향을 미치는 미래사건이 발생할 것이라는 충분하고 객관적인 증거가 있는 경우에는 그러한 미래사건을 감안하여 충당부채 금액을 추정한다.

⑤ 자산의 예상처분이익은 자산의 처분이 충당부채를 발생시킨 사건과 밀접하게 관련되었더라도 당해 자산의 예상처분이익은 충당부채를 측정하는 데 고려하지 아니한다.

⑥ 의무이행을 위하여 경제적 효익을 갖는 자원이 유출될 가능성이 더 이상 높지 아니한 경우에는 관련 충당부채를 환입한다.

⑦ 충당부채는 최초인식과 관련 있는 지출에만 사용하고 미래의 예상 영업 손실은 충당부채로 인식하지 아니한다.

3. 충당부채와 우발부채의 판단기준

① 충당부채는 현재의무이며, 이를 이행하기 위하여 자원이 유출될 가능성이 높고 그 금액을 신뢰성 있게 추정할 수 있으므로 부채로 인식한다.

② 우발부채는 다음과 같은 이유로 부채로 인식할 수 없다.

　㉠ 자원의 유출을 초래할 현재의무가 있는지의 여부가 확인되지 않는다.

　㉡ 현재의무가 존재하지만 그 의무를 이행하는 데 자원의 유출 가능성이 높지 않거나, 그 가능성은 높지만 그 금액을 신뢰성 있게 추정할 수 없어 부채의 인식기준을 충족시키지 못한다.

③ 우발부채는 처음에 예상하지 못한 상황에 따라 변할 수 있으므로, 경제적 효익이 있는 자원의 유출 가능성이 높아졌는지를 판단하기 위하여 우발부채를 지속적으로 평가한다.

④ 과거에 우발부채로 처리하였더라도 미래경제적 효익의 유출 가능성이 높아진 경우에는 그러한 가능성의 변화가 생긴 기간의 재무제표에 충당부채로 인식한다.

⑤ 충당부채와 관련하여 포괄손익계산서에 인식된 비용은 제3자의 변제와 관련하여 인식한 금액과 상계하여 표시할 수 있다.

⑥ 기업의 미래 행위(미래 사업행위)와 관계없이 존재하는 과거사건에서 생긴 의무만을 충당부채로 인식한다.

▶ **충당부채와 우발부채의 차이**

금액추정 가능성 자원유출 가능성	신뢰성 있게 추정 가능	신뢰성 있게 추정 불가능
가능성이 높음(확률 50% 초과)	충당부채로 인식	우발부채로 주석공시
가능성이 어느 정도 있음	우발부채로 주석공시	
가능성이 거의 없음	공시하지 않음	공시하지 않음

4. 우발자산(偶發資産)

우발자산은 과거사건이나 거래의 결과로 발생할 가능성이 있으며, 기업이 전적으로 통제할 수 없는 하나 또는 그 이상의 불확실한 미래 사건의 발생 여부에 의해서만 그 존재 여부가 확인되는 잠재적 자산을 말한다.

(1) 우발자산의 인식

우발자산은 자산으로 인식하지 아니하고 자원의 유입가능성이 매우 높은 경우에만 주석으로 기재한다. 상황 변화로 인하여 자원이 유입될 것이 거의 확실한(확정되면) 경우 상황 변화가 발생한 기간에 관련 자산과 이익을 인식한다.

▶ **우발자산의 인식 및 공시 여부**

금액추정 가능성 자원유입 가능성	신뢰성 있게 추정 가능	신뢰성 있게 추정 불가능
가능성이 매우 높음	우발자산으로 주석공시	공시하지 않음
가능성이 매우 높지 않음	공시하지 않음	

5. 보증의무

기업은 제품(재화든 용역이든)의 판매와 관련하여 보증을 제공하는 것이 일반적이다. 고객에게 제공하는 보증의무에는 확신유형의 보증과 용역유형의 보증 두 가지 종류가 있다.

(1) 확신유형의 보증: 충당부채

고객에게 보증을 별도로 구매할 수 있는 선택권이 없는 경우에는 약속한 보증(또는 그 일부)이 합의된 규격에 제품이 부합한다는 확신에 더하여 고객에게 용역을 제공하는 것이 아니라면, 이 보증을 기업회계기준서 제1037호 '충당부채, 우발부채, 우발자산'에 따라 회계처리한다. (고객이 보증을 별도로 선택하여 구매할 필요가 없는 경우)

(2) 용역유형의 보증: 용역수익

고객이 보증을 별도로 구매할 수 있는 선택권이 있다면(예) 보증에 대하여 별도로 가격을 정하거나 협상하기 때문), 그 보증은 구별되는 용역이다. 이 상황에서는 약속한 보증을 수행의무로 회계처리하고, 그 수행의무에 거래가격(용역수익)의 일부를 배분한다.

> 보증기간이 길수록 약속한 보증이 수행의무일 가능성이 높다. 제품이 합의된 규격에 부합한다는 확신에 더하여 용역을 제공할 가능성이 더 높기 때문이다.

6. 제품보증충당부채

제품보증은 고객에게 보증을 별도로 구매할 수 있는 선택권이 없는 경우에 해당하고 약속한 보증(또는 그 일부)이 합의된 규격에 제품이 부합한다는 확신에 더하여 고객에게 용역을 제공하는 것이 아닌 경우 제품의 판매나 서비스의 제공 후 품질·수량 등에 결함이 있을 때, 그것을 보증하여 수선·교환해주겠다는 조건부 판매를 말한다. 그 수행의무 이행을 위한 자원의 유출가능성이 높으면 제품보증충당부채를 인식하여야 한다.

핵심 03 · 사채 ★★★

1. 의의

사채는 주식회사가 불특정 다수로부터 장기간 거액의 자금을 조달하기 위하여 회사의 확정채무임을 표시한 증권을 발행하고 일정한 기간에 일정한 이자를 지급함과 동시에 만기에는 원금을 상환할 것을 약정하고 발행하는 채무증권의 비유동부채이다.

2. 사채의 발행

(1) 사채의 발행가액 결정

① 발행가액 = 액면금액의 현재가치 + 액면이자의 현재가치
② 액면금액의 현재가치 = 액면금액 × ₩1의 현가계수
③ 액면이자의 현재가치 = 액면이자 × ₩1의 연금현가계수

④ 액면이자 = 액면가액 × 액면이자율

(2) 사채발행의 방법

사채발행 방법은 액면이자율과 시장이자율의 관계에 따라 액면발행, 할인발행, 할증발행으로 구분한다. 또한 사채발행 시 발생하는 사채발행비는 사채발행가액에서 차감한다.

▶ 사채발행 방법

상황	발행방법	상환기간 중 이자비용 총액
액면이자율 = 시장이자율	액면발행	액면이자
액면이자율 < 시장이자율	할인발행	액면이자 + 사채할인발행차금
액면이자율 > 시장이자율	할증발행	액면이자 - 사채할증발행차금

▶ 사채발행 시의 회계처리

액면발행	(차)당 좌 예 금 ×××	(대)사 채 ×××
할인발행	(차)당 좌 예 금 ××× 사채할인발행차금 ×××	(대)사 채 ×××
할증발행	(차)당 좌 예 금 ×××	(대)사 채 ××× 사채할증발행차금 ×××

(3) 사채이자의 지급

사채이자는 액면금액을 기초하여 약정한 날에 현금으로 지급하고, 이자지급 시에는 사채할인(할증)발행차금은 기간 경과에 따라 유효이자율법을 적용하여 상각(환입)한다. 상각(환입)된 사채할인(할증)발행차금은 이자비용에서 가감하여 처리한다.

① 사채할인발행차금은 사채의 차감적 평가계정으로 사채 액면금액에서 차감한다.
② 사채할증발행차금은 사채의 부가적 평가계정으로 사채 액면금액에서 가산한다.
③ 한국채택국제회계기준에서는 유효이자율법만을 인정하고 있다.

사채할인차금상각액 = (기초장부금액 × 유효이자율) - (액면금액 × 액면이자율)

▶ 기간 경과에 따른 장부금액과 이자비용의 변화

조건	장부금액	이자비용	차금상각액	총이자비용
액면발행	불변	불변	-	액면이자
할인발행	증가	증가	증가	액면이자 + 할인차금
할증발행	감소	감소	증가	액면이자 - 할증차금

3. 사채의 상환

(1) 만기상환

만기상환은 약정된 만기일에 사채의 액면 금액을 일시에 상환하는 방법으로서, 액면 금액대로 상환하므로 사채상환에 따른 손익이 발생하지 않는다.

(2) 수시(매입)상환

수시상환은 만기일 이전에 사채를 사채시장에서 매입하여 상환하는 방법이다. 이 경우 사채의 시장가격대로 상환을 하므로 사채상환에 따른 손익이 발생한다.

① 사채상환 당시 시장이자율이 발행 당시의 시장이자율보다 높으면 상환이익이 발생한다.

② 사채상환 당시 시장이자율이 발행 당시의 시장이자율보다 낮으면 상환손실이 발생한다.

4. 사채발행비

사채발행에 따른 제비용은 사채의 발행가격에서 직접 차감하는 방법으로 회계처리한다. 따라서 사채가 할인발행되거나 액면발행된 경우에는 사채할인발행차금이 동액만큼 증가하고, 사채가 할증발행된 경우에는 사채할증발행차금이 동액만큼 감소한다.

① 사채발행비가 없는 경우에는 시장이자율과 유효이자율이 일치한다.

② 사채발행비가 있는 경우에는 발행 시점 유효이자율이 시장이자율보다 더 크다.

핵심 04 **사채할인발행차금 상각(또는 환입) 방법** ★★★

사채할인발행차금과 사채할증발행차금의 상각 또는 환입 방법은 유효이자율법을 적용하여 상각 후 원가로 측정하도록 규정하고 있으며, 기간 경과 시 상각(환입)액은 매년 증가한다. 또한 상각(환입)액은 이자비용에 가감한다.

1. 사채할인발행차금을 상각한 경우

① 이자비용(유효이자) = 액면(현금)이자 + 사채할인발행차금상각액

② **이자지급 시 회계처리**

(차) 이 자 비 용	×××	(대) 현 　 　 　 　 금	×××
		사 채 할 인 발 행 차 금	×××

2. 사채할증발행차금을 환입한 경우

① 이자비용(유효이자) = 액면(현금)이자 − 사채할증발행차금환입액

② 이자지급 시 회계처리

(차)이 자 비 용	×××	(대)현 금	×××
사 채 할 증 발 행 차 금	×××		

핵심 05 정액법과 유효이자율법의 비교

구분	할인발행			할증발행		
	장부금액	이자비용	차금상각	장부금액	이자비용	차금환입
정액법	증가	일정	일정	감소	일정	일정
유효이자율법	증가	증가	증가	감소	감소	증가

핵심암기법 사채가 나오면: 사발면을 그려라 ➡ **사** 채, **발** 행가격, 액 **면** 가격

빈칸 채우기로 CHAPTER 마무리

❶ 부채로 인식되기 위해서는 과거사건으로 인한 의무가 기업의 미래행위(즉, 미래 사업행위)와
( )이어야 한다.

❷ 우발부채의 요건: 우발부채는 미래사건의 발생 여부에 의해서만 그 존재가 확인되는 잠재적 의무를 말한다. 따라서 우발부채는 부채로 인식하지 아니하고 ( )으로 공시한다.

❸ 우발자산은 자산으로 인식하지 아니하고 자원의 유입가능성이 매우 높은 경우에만 ( )으로 기재한다.

정답

① 독립적 ② 주석 ③ 주석

❹ 보증의무
- 확신유형의 보증: 고객에게 보증을 별도로 구매할 수 있는 선택권이 없는 경우에는 (   )로 회계처리한다.
- 용역유형의 보증: 고객이 보증을 별도로 구매할 수 있는 선택권이 있다면(예 보증에 대하여 별도로 가격을 정하거나 협상) 약속한 보증을 (   )로 회계처리하고, 그 수행의무에 거래가격(용역수익)의 일부를 배분한다.

❺ 부채가 존재하기 위해서는 다음의 세 가지 조건을 모두 충족하여야 한다.
- 기업에게 (   )가 있다.
- 의무는 (   )을 이전하는 것이다.
- 의무는 과거사건의 결과로 존재하는 (   )이다.

❻ (   )의 존재 여부가 불분명한 경우에는 이용할 수 있는 모든 증거를 고려하여 보고기간 말에 현재의무가 존재할 가능성이 존재하지 아니할 가능성보다 높다면 과거사건이 현재의무를 발생시킨 것으로 (   )한다.

❼ (   ) 그리고 종업원 및 그 밖의 영업원가에 대한 미지급비용 등은 보고기간 후 (   ) 후에 결제일이 도래하여도 (   )부채로 분류한다.

❽ 원래의 결제기간이 12개월을 초과하는 경우라도 보고기간 후 12개월 이내에 결제일이 도래하면 (   )로 분류한다.

❾ 할인율은 부채의 고유한 위험과 화폐의 시간가치에 대한 현행 시장의 평가를 반영한 (   )이다.

❿ 현재의무를 이행하기 위하여 소요되는 지출 금액에 영향을 미치는 (   )사건이 발생할 것이라는 충분하고 객관적인 증거가 있는 경우에는 그러한 미래사건을 감안하여 충당부채 금액을 추정한다.

⓫ 자산의 (   )은 자산의 처분이 충당부채를 발생시킨 사건과 밀접하게 관련되었더라도 당해 자산의 예상처분이익은 충당부채를 측정하는 데 (   )하지 아니한다.

⓬ 의무이행을 위하여 경제적 효익을 갖는 자원이 유출될 가능성이 더 이상 높지 아니한 경우에는 관련 충당부채를 (   )한다.

⓭ 충당부채는 최초인식과 관련 있는 지출에만 사용하고 미래의 예상 영업 손실은 (   )로 인식하지 아니한다.

⓮ 과거에 우발부채로 처리하였더라도 미래경제적 효익의 유출 가능성이 높아진 경우에는 그러한 가능성의 변화가 생긴 기간의 재무제표에 (   )로 인식한다.

정답
④ 충당부채 / 수행의무　⑤ 의무 / 경제적 자원 / 현재의무　⑥ 현재의무 / 간주　⑦ 매입채무 / 12개월 / 유동
⑧ 유동부채　⑨ 세전 이율　⑩ 미래　⑪ 예상처분이익 / 고려　⑫ 환입　⑬ 충당부채　⑭ 충당부채

⑮ 충당부채와 관련하여 포괄손익계산서에 인식된 비용은 제3자의 변제와 관련하여 인식한 금액과 (　　　　　)하여 표시할 수 있다.

⑯ 기업의 (　　　　　)와 관계없이 존재하는 과거사건에서 생긴 의무만을 충당부채로 인식한다.

⑰ (　　　　　)은 자산으로 인식하지 아니하고 자원의 유입가능성이 매우 높은 경우에만 (　　　　　)으로 기재한다. 상황 변화로 인하여 자원이 유입될 것이 거의 확실한 경우 상황 변화가 발생한 기간에 관련 자산과 이익을 (　　　　　)한다.

⑱ 사채발행에 따른 제비용은 사채의 발행가격에서 직접 차감하는 방법으로 회계처리한다. 따라서 사채가 할인발행되거나 액면발행된 경우에는 사채할인발행차금이 동액만큼 증가하고, 사채가 할증발행된 경우에는 사채할증발행차금이 동액만큼 감소한다.
• 사채발행비가 없는 경우에는 시장이자율과 유효이자율이 (　　　　　)한다.
• 사채발행비가 있는 경우에는 발행 시점 유효이자율이 시장이자율보다 더 (　　　　　).

⑲ 사채할인발행차금과 사채할증발행차금의 상각 또는 환입 방법은 (　　　　　)법을 적용하여 상각 후 원가로 측정하도록 규정하고 있으며, 기간 경과 시 상각 또는 환입액은 매년 (　　　　　)한다.

정답
⑮ 상계　⑯ 미래 행위　⑰ 우발자산 / 주석 / 인식　⑱ 일치 / 크다　⑲ 유효이자율 / 증가

CHAPTER 미리보기

01 자본의 기초개념   03 자기주식과 주당순이익
02 주식회사의 자본금

핵심 01   **자본의 기초개념**

1. 자본의 정의

자본(資本, Capital)은 기업의 자산에서 모든 부채를 차감한 후의 잔여지분이다. 자본청구권은 기업의 자산에서 모든 부채를 차감한 후의 잔여지분에 대한 청구권이다. 자산과 부채가 정해지면 자본은 그 결과에 의하여 결정되기 때문에 평가대상이 되지 않는다. 한국채택국제회계기준에서는 자본을 최소한 납입자본과 이익잉여금 및 기타자본구성요소로 구분할 것을 요구하고 있다.

2. 주식의 종류

(1) 보통주식

보통주식에 출자한 보통주주는 주주총회에서 의결권을 행사할 수 있고, 이익배당을 청구할 수 있는 권리와 잔여재산을 분배받을 권리, 신주인수권을 우선적으로 부여받을 권리 등을 갖고 있다.

(2) 우선주식

우선주식은 보통주식에 비하여 특정된 권리를 우선적으로 부여받은 주식으로서, 일반적으로 보통주에 우선하여 배당을 받을 권리가 부여되어 있다.

① **누적적·비누적적 우선주**: 누적적 우선주는 회사가 결손이 발생하여 약정에 의한 배당금을 지급하지 못했을 때 다음 연도에 누적하여 배당을 받을 수 있는 권리가 있는 우선주를 말한다. 비누적적 우선주는 한번 약정에 의한 배당을 받지 못하면 다음 연도에 이월하여 받을 수 없는 우선주를 말한다.

② **참가적·비참가적 우선주**: 참가적 우선주는 우선적으로 배당을 받을 뿐만 아니라 보통주에게 배당을 하고도 잔여 배당액이 있으면 보통주와 동일하게 잔여배당에 참여하여 추가적으로 배당을 받을 수 있는 권리가 있는 주식이다. 비참가적 우선주는 약정된 배당금을 받고 나면 나머지는 모두 보통주에게 귀속되는 우선주이다.

3. 자본의 분류

한국채택국제회계기준에서는 자본계정을 자본의 조달원천에 따라 다음과 같이 분류하고 있다.

자본의 분류	항목		계정과목
납입자본	자본금		• 보통주자본금 • 우선주자본금
	자본잉여금		주식발행초과금, 자기주식처분이익, 감자차익, 전환권대가, 신주인수권대가
기타자본 요소	자본 유지조정	차감적 (−)	• 자기주식 • 주식할인발행차금, 감자차손, 자기주식처분손실
		부가적 (+)	미교부주식배당금, 신주청약증거금, 주식매수선택권
	기타포괄손익 누계액		• 재평가잉여금 • 순확정급여부채(자산)의 재측정요소 • FVOCI(기타포괄손익) 금융자산평가손익(주식) • FVOCI(기타포괄손익) 금융자산평가손익(사채) • 해외사업환산손익 • 현금흐름위험회피 파생상품평가손익
이익잉여금	이익잉여금		• 법정적립금: 이익준비금, 기타법정적립금 • 임의적립금: 사업확장적립금, 감채적립금, 배당평균적립금, 결손보전적립금 • 미처분이익잉여금(미처리결손금)

(1) 기타포괄손익누계액

① **기타포괄손익**: 기타포괄손익은 총포괄손익에는 포함되지만 당기손익에는 포함되지 않는 항목이다.

㉠ **재평가잉여금**: 유형자산을 공정가치로 평가하여 발생한 이익

ⓛ 순확정급여부채(자산)의 재측정요소

ⓒ 기타포괄손익−공정가치 측정 금융자산평가손익(FVOCI 금융자산)

    ⓐ 투자지분상품(주식) ⇨ 당기손익에 재분류조정하지 않는다.

    ⓑ 투자채무상품(사채) ⇨ 당기손익에 재분류한다.

ⓒ 해외사업환산손익: 해외사업장의 재무제표 환산으로 인한 손익

ⓞ 현금흐름위험회피 파생상품평가손익: 위험회피에 비효과적인 부분은 당기손익에 반영

② **기타포괄손익누계액**: 기업이 영업활동의 결과로 창출한 총포괄손익은 소유주에게 분배할 수 있는 당기순손익과 소유주에게 분배할 수 없는 기타포괄손익으로 구분한다. 기타포괄손익누계액은 기타포괄손익의 누계를 의미한다.

> 총포괄이익 = 당기순이익 + 기타포괄이익

(2) 잉여금

이익잉여금은 회사의 정상적인 영업활동과 유형자산 등의 처분 및 기타 일시적인 손익거래에서 발생한 이익을 원천으로 하여 회사 내에 유보되어 있는 잉여금을 말한다. 잉여금을 자본잉여금과 이익잉여금으로 구분하는 것은 잉여금의 발생 원천에 따라 분류하는 것으로써 배당이 가능한 잉여금과 불가능한 잉여금에 관한 정보를 제공하기 위해서이다. 즉, 배당할 수 있는 잉여금은 손익거래로부터 발생한 잉여금으로 제한하고, 자본거래로부터 발생한 잉여금과 구분하여야 한다. 이익잉여금에는 법령에서 강제로 적립해야 할 의무가 있는 법정적립금과 기업이 임의로 적립할 수 있는 임의적립금이 있다.

① **자본잉여금**: 자본금에 전입 가능, 이익배당 불가

② **이익잉여금**: 자본금에 전입 가능, 이익배당 가능

③ **이익준비금**: 「상법」의 규정 제458조에 따라 강제적으로 적립하는 법정적립금으로 「상법」은 주식회사가 그 자본금의 1/2에 달할 때까지 매 결산기에 금전에 의한 이익배당액의 1/10 이상의 금액을 이익준비금으로 적립하도록 규정하고 있다.

④ **미처분이익잉여금**(미처리결손금): 전기이월미처분이익잉여금에 당기순손익을 가감하고, 전기오류수정손익, 중간배당금, 회계변경누적효과 등을 가감한 금액을 당기말미처분이익잉여금이라고 한다. 당기말미처분이익잉여금은 주주총회를 거쳐 처분되며, 처분한 후의 잔액을 차기이월이익잉여금이라고 한다.

1. 주식의 발행

주식회사(株式會社)는 발기인이 정관을 작성하여 법원에 설립 등기를 함으로써 설립되며, 주식(株式, Stock)을 발행하여 자본금을 조달한다. 이때 주식을 인수한 출자자를 주주(株主, Stockholder)라고 한다.

① **액면발행**: 액면가액 = 발행가액(또는 평가발행)

② **할증발행**: 액면가액 < 발행가액 ⇨ 주식발행초과금(자본잉여금)

③ **할인발행**: 액면가액 > 발행가액 ⇨ 주식할인발행차금(자본유지조정 차감계정)

❍ 회사 설립을 위한 주식발행 제비용(수수료·증권인쇄비·등기비용·주주모집을 위한 광고비)은 창업비의 과목으로 당기비용으로 처리하고, 증자를 위한 주식발행 제비용은 주식 발행가격에서 차감한다.

(1) 주식 발행방법

주식을 발행하는 방법에는 액면금액으로 발행하는 평가발행(액면발행), 액면금액 이상으로 발행하는 할증발행, 액면금액 이하로 발행하는 할인발행이 있다. 주식발행비는 발행가격에서 차감한다.

① **평가발행**(액면금액 = 발행금액)

(차)당 좌 예 금	×××	(대)자 본 금	×××

② **할증발행**(액면금액 < 발행금액)

(차)당 좌 예 금	×××	(대)자 본 금	×××
		주 식 발 행 초 과 금	×××

• 주식발행초과금이 발생할 당시 장부상 주식할인발행차금 미상각액이 존재하는 경우 발생된 순서에 관계없이 우선 상계하고, 미상계된 주식발행초과금은 자본잉여금(납입자본)으로 분류하고, 자본전입과 결손전보 이외에는 사용할 수 없다.

③ **할인발행**(액면금액 > 발행금액)

(차)당 좌 예 금	×××	(대)자 본 금	×××
주 식 할 인 발 행 차 금	×××		

• 주식할인발행차금이 발생할 당시 장부상 주식발행초과금이 존재하는 경우 발생된 순서에 관계없이 우선 상계하고, 미상계된 주식할인발행차금은 차감적 자본조정으로 분류하여 이익잉여금의 처분항목으로 한다. 다만, 처분할 이익잉여금이 부족하거나 결손금이 있는 경우에는 이후 차기 연도에 이월하여 상각할 수 있다.

2. 증자와 감자

(1) 증자

회사설립 후 이사회의 결의에 따라 미발행주식 중 일부를 추가로 발행하는 것을 증자(增資)라고 한다. 증자의 방법에는 주주로부터 출자금을 납입 받아 주식을 발행하는 유상증자(실질적 증자)와 출자금을 받지 않고 주식을 발행하는 무상증자(형식적 증자)가 있다.

① **유상증자**: 실질적 증자라고도 하며, 자본금의 증가로 인해 회사의 자산이 증가하는 경우이다. 즉, 주식을 발행함으로써 회사의 실질적인 총자산이 증가하고, 자본합계도 증가하는 경우를 의미한다.

(차) 현 금	×××	(대) 자 본 금	×××
		주 식 발 행 초 과 금	×××

② **무상증자**: 형식적 증자라고도 하며, 자본금이 증가하지만 회사의 총자산은 증가하지 않고 형식적으로만 자본금이 증가하는 경우이다.

잉여금 자본전입 시	(차) 자본(이익)잉여금	×××	(대) 자 본 금	×××	
전환사채 전환 시	(차) 전 환 사 채	×××	(대) 자 본 금	×××	
주식배당 시	(차) 이 익 잉 여 금	×××	(대) 자 본 금	×××	

(2) 감자

감자(減資)는 자본금의 감소를 의미하는데, 감자의 경우도 자본충실의 원칙에 위배되므로 「상법」상 엄격한 요건을 충족시켜야 가능하게 된다. 감자의 종류에는 유상감자(실질적 감자)와 무상감자(형식적 감자) 두 가지가 있다.

① **유상감자**: 실질적 감자라고도 하며, 자본금의 감소로 회사의 자산이 감소하는 것이다. 실질적 감자는 기업규모를 축소하거나 합병해서 당 회사의 재정상태를 조정할 때 등의 경우에 행해지며, 주금의 환급과 주식의 매입소각이 있다.

② **무상감자**: 형식적 감자라고도 하며, 자본금이 감소하였지만 회사의 자산은 감소하지 않고 자본금만 명목적으로 감소하는 것으로 이월결손금(당기순손실)을 보전할 때 이용한다.

(3) 이익배당

기업은 영업활동 결과 순이익이 발생하면 최소한의 이익을 주주에게 환급한다. 이것을 이익배당이라 한다. 이익배당에는 현금배당과 주식배당이 있다.

① **현금배당**: 현금으로 배당하는 것이며, 이 금액의 1/10을 이익준비금으로 적립한다.

　　㉠ 주주총회 현금배당 결의일

(차)미 처 분 이 익 잉 여 금	××× (대)미 지 급 배 당 금	×××

　　㉡ 현금배당 지급일

(차)미 지 급 배 당 금	××× (대)현　　　　　　금	×××

② **주식배당**: 이익배당을 주식으로 배당하는 것을 말한다. 이익잉여금을 자본화시킬 목적으로 주식배당을 하게 되는데, 주식을 배당하면 이익잉여금은 감소하고, 자본금은 증가하지만 실질자본은 불변하므로 형식적 증자에 속한다.

(차)이 익 잉 여 금	××× (대)자　　본　　금	×××

참고　**주식배당·무상증자·주식분할·주식병합의 비교**

- **주식배당**
  이익잉여금을 현금으로 배당하지 않고, 주식으로 교부(배당)하는 것
- **무상증자**
  자본잉여금과 법정적립금을 자본에 전입하고, 주식을 교부(발행)하는 것
- **주식분할**
  하나의 주식을 여러 개의 동일 주식으로 분할하는 것(액면분할)
- **주식병합**
  발행 주식의 일정 비율을 회수하여 발행주식 총수를 감소시키는 것

구분	주식배당	무상증자	주식분할	주식병합
자본금	증가	증가	불변	불변
자본잉여금	불변	감소 가능	불변	불변
이익잉여금	감소	감소 가능	불변	불변
자본총액(총자본)	불변	불변	불변	불변
유통주식수	증가	증가	증가	감소
액면단가	불변	불변	감소	증가

1. 자기주식

자기주식(自己株式, Treasury Stock)은 회사가 이미 발행하여 유통되고 있는 주식을 매입 또는 증여 등에 의하여 취득한 주식으로서, 소각되지 않은 주식을 말한다. 자기주식은 이론적으로 자산으로 보는 견해와 미발행주식으로 보는 견해가 있으나 한국채택국제회계기준에서는 미발행주식설을 따르고 있다.

2. 자기주식의 회계처리방법

자기주식의 회계처리방법에는 자기주식의 취득 목적이 처분에 있다고 보는 원가법과 소각목적에 있다고 보는 액면가액법이 있으나, 한국채택국제회계기준에서는 자기주식에 대한 회계처리를 원가법에 의하여 처리하도록 하고 있다. 자기주식처분이익과 자기주식처분손실은 직접 상계하여 표시한다.

(1) 자기주식의 취득 시

(차)자 기 주 식	×××	(대)현 금	×××

(2) 자기주식의 처분 시 ⇨ 처분가액 > 취득원가

(차)현 금	×××	(대)자 기 주 식	×××
		자 기 주 식 처 분 이 익	×××

(3) 자기주식의 처분 시 ⇨ 처분가액 < 취득원가

(차)현 금	×××	(대)자 기 주 식	×××
자 기 주 식 처 분 손 실	×××		

3. 주당순이익(EPS; Earning Per Share)

(1) 주당순이익의 의의

보통주식 1주에 귀속되는 이익 또는 손실을 말하며, 보통 주주에게 귀속될 이익을 사외유통보통주식수로 나누어 계산한다. 따라서 주당순이익이 높다는 것은 영업활동에 투입된 자본에 비해 상대적으로 많은 순이익이 달성되었다는 것을 의미하며, 기업의 규모와 관련하여 경영성과를 측정하는 지표가 되므로 포괄손익계산서상의 총체적인 당기순이익보다도 더 유용한 정보라고 할 수 있다.

(2) 주당순이익의 유용성

① 미래 이익창출능력을 예측하는 데 유용하다.

② 경영자의 경영능률을 측정하는 데 유용하다.

③ 주당순이익(EPS)과 주당배당률(DPS)을 비교함으로써 기업의 배당정책(사내유보정책)에 관한 정보를 제공한다.

④ 주가수익률(PER; Price Earning Ratio) 계산의 기초자료를 제공한다. (1주당 시가 ÷ 주당순이익)

(3) 주당순이익의 산정

$$\text{주당순이익} = \frac{\text{보통주 당기순이익(당기순이익 - 우선주배당금)}}{\text{가중평균유통보통주식주}}$$

$$\text{주가수익률} = \frac{\text{1주당 시가}}{\text{주당순이익}}$$

(4) 사외유통보통주식수의 계산

① 자기주식은 취득시점부터 매각시점까지의 기간 동안 발행보통주식수에서 제외된다.

② 당기 중에 유상증자의 실시 또는 신주인수권이나 주식매수선택권의 행사로 보통주가 발행된 경우에는 유통보통주식수를 당해 주식의 납입일을 기준으로 기간 경과에 따라 가중평균하여 포함한다.

③ 당기 중 무상증자, 주식분할, 주식배당, 주식병합 등이 실시된 경우에는 기초에 발생한 것으로 간주하여 발행보통주식수에 포함한다.

④ 당기 중 전환사채가 보통주로 전환된 경우에는 발행조건상의 전환일을 기준으로 발행보통주식수에 포함한다.

빈칸 채우기로 CHAPTER 마무리

❶ 자본은 기업의 (　　　　　)에서 모든 (　　　　　)를 차감한 후의 (　　　　　)이다. 자본청구권은 기업의 자산에서 모든 부채를 차감한 후의 잔여지분에 대한 청구권이다.

❷ 기타포괄손익은 총포괄손익에는 포함되지만 (　　　　　)에는 포함되지 않는 항목이며, 그동안의 누적액을 (　　　　　)이라 한다.

❸ 이익준비금은 「상법」의 규정 제458조에 따라 강제적으로 적립하는 법정적립금으로 주식회사가 그 자본금의 (　　　　　)에 달할 때까지 매 결산기에 금전에 의한 이익배당액의 (　　　　　) 이상의 금액을 적립한다.

❹ (　　　　　)증자는 실질적 증자라고도 하며, 자본금의 증가로 인해 회사의 (　　　　　)이 증가하는 경우이며, 무상증자는 형식적 증자라고도 하며, 자본금이 증가하지만 회사의 (　　　　　)은 증가하지 않고 형식적으로만 자본금이 증가하는 경우이다.

❺ 주식발행초과금이 발생할 당시 장부상 (　　　　　)이 존재하는 경우 발생된 순서에 관계없이 우선 직접 상계하고, 미상계된 주식발행초과금은 (　　　　　)으로 처리한다.

❻ 자기주식은 회사가 이미 발행하여 유통되고 있는 주식을 매입 또는 증여 등에 의하여 취득한 주식으로서, 소각되지 않은 주식을 말한다. 자기주식을 취득하면 자본합계는 (　　　　　)하고 매각하면 자본합계는 (　　　　　)한다.

❼ 사외유통보통주식수의 계산 시 무상증자, 주식배당, (　　　　　) 등이 실시된 경우에는 (　　　　　)에 발생한 것으로 간주하여 발행보통주식수에 (　　　　　)한다.

정답

① 자산 / 부채 / 잔여지분　② 당기손익 / 기타포괄손익누계액　③ (1/2) / (1/10)　④ 유상 / 자산 / 자산
⑤ 주식할인발행차금 / 자본잉여금　⑥ 감소 / 증가　⑦ 주식분할 / 기초 / 포함

12 수익·비용회계

▶ **연계학습** | 에듀윌 기본서 1차 [회계원리 上] p.454

CHAPTER 미리보기

01 고객과의 계약에서 생기는 수익
02 수익인식의 5단계
03 계약원가
04 거래형태별 수익인식
05 비용회계
06 결산정리 및 수익·비용의 이연과 예상

핵심 01   고객과의 계약에서 생기는 수익

1. 수익의 정의

수익은 「재무보고를 위한 개념체계」에서 '자산의 증가 또는 부채의 감소로 인한 자본의 증가를 초래하는 특정 회계기간 동안에 발생한 경제적 효익의 증가로서, 자본청구권 보유자의 출자와 관련된 것을 제외한 광의의 수익'으로 정의하고 있다. 한국채택국제회계기준에서는 수익을 「고객과의 계약에서 생기는 수익」으로 정의하고 계약상대방이 고객인 경우에만 해당 기준서를 적용한다고 규정하고 있다.

① 수익은 경제적 효익의 증가로 자본이 증가하게 되지만 자본청구권 보유자의 출자와 관련된 자본의 증가는 수익에 포함되지 아니한다.

② 손익거래에서 발생하여 자본증가 원인에 속하지만 아직 실현되지 않은 기타포괄손익누계액은 당기수익에는 포함되지 않는다.

③ 제3자를 대신해서 회수한 금액(예 일부 판매세)은 수익에서 제외한다.

④ 고객과의 계약에서 생기는 수익은 다음 단계를 거쳐서 인식한다.

    ㉠ 1단계: 계약을 식별

    ㉡ 2단계: 수행의무를 식별

    ㉢ 3단계: 거래가격을 산정

    ㉣ 4단계: 거래가격을 계약 내 수행의무에 배분

    ㉤ 5단계: 수행의무를 이행 ⇨ 수익 인식

> **참고** **고객의 정의**
>
> 고객은 기업의 통상적인 활동의 산출물인 재화나 용역을 대가와 교환하여 획득하기로 그 기업과 계약한 당사자를 말한다. 예를 들면, 계약상대방이 기업의 통상적인 활동의 산출물을 취득하기 위해서가 아니라 어떤 활동이나 과정(예) 협업약정에 따른 자산 개발)에 참여하기 위해 기업과 계약하였고, 그 계약당사자들이 그 활동이나 과정에서 생기는 위험과 효익을 공유한다면, 그 계약상대방은 고객이 아니다.

▶ 수익인식의 5단계

▶ 기업회계기준상 수익의 분류

계정분류		계정과목
수익	매출수익	총매출액 − (매출에누리 · 매출환입 · 매출할인) = 순매출액
	기타수익	이자수익, 배당금수익, 임대료, 금융자산처분이익, 금융자산평가이익, 외환차익, 외화환산이익, 지분법이익, 투자자산처분이익, 유형자산처분이익, 사채상환이익, 자산수증이익, 채무면제이익, 보험차익 등

핵심 02 수익인식의 5단계

1. 1단계: 계약의 식별

(1) 계약의 의의

계약은 둘 이상의 당사자 사이에 집행 가능한 권리와 의무가 생기게 하는 합의이다. 다음 5가지의 기준을 모두 충족하는 경우에만 고객과의 계약으로 회계처리한다.

① 계약당사자들이 계약을 (서면으로, 구두로, 그 밖의 사업 관행에 따라 암묵적으로) 승인하고 각자의 의무를 수행하기로 확약한다.

② 이전할 재화나 용역과 관련된 각 당사자의 권리를 식별할 수 있다.

③ 이전할 재화나 용역의 지급조건을 식별할 수 있다.

④ 계약에 상업적 실질이 있다(계약의 결과로 기업의 미래현금흐름의 위험, 시기, 금액이 변동될 것으로 예상된다).

⑤ 고객에게 이전할 재화나 용역에 대하여 받을 권리를 갖게 될 대가의 회수 가능성이 높다. 대가의 회수 가능성이 높은지를 평가할 때에는 지급기일에 고객이 대가(금액)를 지급할 수 있는 능력과 지급할 의도만을 고려한다.

그러나 고객과의 계약이 위의 5가지 기준을 충족하지 못하지만 고객에게서 대가를 받은 경우에는 다음 사건 중 어느 하나가 일어난 경우에만 받은 대가를 수익으로 인식한다.

① 고객에게 재화나 용역을 이전해야 하는 의무가 남아 있지 않고, 고객이 약속한 대가를 모두(또는 대부분) 받았으며 그 대가는 환불되지 않는다.

② 계약이 종료되었고, 고객에게서 받은 대가는 환불되지 않는다.

- 계약상 권리와 의무의 집행 가능성은 법률적인 문제이다. 계약은 서면으로, 구두로, 기업의 사업 관행에 따라 암묵적으로 체결할 수 있다.
- 고객과의 어떤 계약은 존속 기간이 고정되지 않을 수 있고 당사자 중 어느 한편이 언제든지 종료하거나 수정할 수도 있다.
- 기업이 약속한 재화나 용역을 아직 고객에게 이전하지 않았고, 기업이 약속한 재화나 용역에 대하여 어떤 대가도 아직 받지 않았고, 아직 받을 권리도 없다면 계약은 전혀 수행되지 않은 것이다.

---

(2) 계약의 변경

계약변경은 계약당사자들이 승인한 계약의 범위나 계약가격(또는 둘 다)의 변경을 말한다. 계약변경은 서면으로, 구두 합의로, 기업의 사업 관행에서 암묵적으로 승인될 수 있다.

- 복수의 계약을 하나의 상업적 목적으로 일괄 협상한다.
- 복수의 계약에서 약속한 재화나 용역(또는 각 계약에서 약속한 재화나 용역의 일부)은 단일 수행의무에 해당한다.

---

2. 2단계: 수행의무의 식별

(1) 수행의무

계약 개시시점에 고객과의 계약에서 약속한 재화나 용역을 검토하여 고객에게 다음 중 어느 하나를 이전하기로 한 약속을 하나의 수행의무로 식별한다.

① 구별되는 재화나 용역(또는 재화나 용역의 묶음)

② 실질적으로 서로 같고 고객에게 이전하는 방식도 같은 '일련의 구별되는 재화나 용역'

(2) 고객과의 계약으로 한 약속

① 일반적으로 고객과의 계약에는 기업이 고객에게 이전하기로 약속하는 재화나 용역을 분명히 기재한다. 그러나 고객과의 계약에서 식별되는 수행의무는 계약에 분명히 기재한 재화나 용역에만 한정되지 않을 수 있다.

② 기업이 재화나 용역을 고객에게 이전할 것이라는 정당한 기대를 하도록 한다면, 이러한 약속도 고객과의 계약에 포함될 수 있다.

③ 계약을 이행하기 위해 해야 하지만 고객에게 재화나 용역을 이전하는 활동이 아니라면 그 활동은 수행의무에 포함되지 않는다.

(3) 보증의무의 유형

① **확신유형의 보증**: 수행의무가 아니므로 충당부채로 처리한다.

② **용역유형의 보증**: 수행의무이므로 거래가격을 제품과 용역수익에 배분한다.

3. 3단계: 거래가격의 산정(수익의 측정)

거래가격은 고객에게 약속한 재화나 용역을 이전하고 그 대가로 기업이 받을 권리를 갖게 될 것으로 예상하는 금액이며, 제3자를 대신해서 회수한 금액(예 일부 판매세)은 제외한다. 고객과의 계약에서 약속한 대가는 고정금액, 변동금액 또는 둘 다를 포함할 수 있다.

> 거래가격을 산정하기 위하여 기업은 재화나 용역을 현행 계약에 따라 약속대로 고객에게 이전할 것이고 이 계약은 취소·갱신·변경되지 않을 것이라고 가정한다.

(1) 변동대가

계약에서 약속한 대가에 변동금액(예 할인, 리베이트, 환불, 장려금 등)이 포함된 경우에는 고객에게 약속한 재화나 용역을 이전하고 그 대가로 받을 권리를 갖게 될 금액을 추정한다.

① **기댓값**: 가능한 대가의 범위에 있는 모든 금액에 각 확률을 곱한 금액의 합이다.

② **가능성이 가장 높은 금액**

참고	변동대가 추정치를 제약

변동대가와 관련된 불확실성이 나중에 해소될 때, 이미 인식한 누적 수익 금액 중 유의적인 부분을 되돌리지(환원하지) 않을 가능성이 매우 높은(Highly Probable) 정도까지만 추정된 변동대가(금액)의 일부나 전부를 거래가격에 포함한다.

(2) 계약에 있는 유의적인 금융요소

거래가격을 산정할 때, 계약당사자들 간에 (명시적으로나 암묵적으로) 합의한 지급시기 때문에 고객에게 재화나 용역을 이전하면서 유의적인 금융 효익이 고객이나 기업에 제공되는 경우에는 화폐의 시간가치가 미치는 영향을 반영하여 약속된 대가(금액)를 조정한다.

① 거래가격을 산정할 때 유의적인 금융요소(이자)를 포함한다.

② 금융지원 약속이 계약에 분명하게 기재되어 있든지 아니면 그 약속이 계약당사자들이 합의한 지급조건에 암시되어 있든지에 관계없이, 유의적인 금융요소가 있을 수 있다.

참고	금융요소의 실무적 간편법

계약을 개시할 때 기업이 고객에게 약속한 재화나 용역을 이전하는 시점과 고객이 그에 대한 대가를 지급하는 시점 간의 기간이 1년 이내일 것이라고 예상한다면 유의적인 금융요소의 영향을 반영하여 약속한 대가(금액)를 조정하지 않는 실무적 간편법을 쓸 수 있다.

(3) 환불부채(고객에게 지급할 대가)

고객에게서 받은 대가의 일부나 전부를 고객에게 환불할 것으로 예상하는 경우에는 환불부채를 인식한다. 환불부채는 기업이 받았거나 받을 대가 중에서 권리를 갖게 될 것으로 예상하지 않는 금액(거래가격에 포함되지 않는 금액)으로 측정한다.

(4) 비현금대가

고객이 현금 외의 형태로 대가를 약속한 계약의 경우에 거래가격은 비현금대가를 공정가치로 측정한다.

핵심암기법	거래가격의 산정: 변비금고 ⇨ **변**동대가, **비**현금대가, **금**융요소(이자비용), **고**객에게 지급할 대가 (환불부채)

4. 4단계: 거래가격의 배분(수익의 측정)

거래가격은 기업이 고객에게 약속한 재화나 용역을 이전하고 그 대가로 받을 권리를 갖게 될 금액을 각 수행의무(또는 구별되는 재화나 용역)별로 배분한다.

(1) 개별 판매가격에 기초한 배분

거래가격을 상대적 개별 판매가격에 기초하여 각 수행의무에 배분한다.

(2) 할인액의 배분

계약에서 약속한 재화나 용역의 개별 판매가격 합계가 계약에서 약속한 대가를 초과하면, 고객은 재화나 용역의 묶음을 구매하면서 할인을 받은 것이다. 할인액 전체가

계약상 하나 이상의 일부 수행의무에만 관련된다는 관측 가능한 증거가 있는 때 외에는, 할인액을 계약상 모든 수행의무에 비례하여 배분한다.

5. 5단계: 수행의무의 이행(수익의 인식)

모든 수익은 고객에게 약속한 재화나 용역, 즉 자산을 이전하여 수행의무를 이행할 때(또는 기간에 걸쳐 이행하는 대로) 수익을 인식한다. 자산의 이전은 고객이 그 자산을 통제할 때(또는 기간에 걸쳐 통제하게 되는 대로) 이전된다.

(1) 기간에 걸쳐 이행하는 수행의무: 진행기준에 따라 수익 인식
① 고객은 기업이 수행하는 대로 기업의 수행에서 제공하는 효익을 동시에 얻고 소비한다(예 청소용역 등).
② 기업이 수행하여 만들어지거나 가치가 높아지는 대로 고객이 통제하는 자산(예 재공품)을 기업이 만들거나 그 가치를 높인다.
③ 기업이 수행하여 만든 자산이 기업 자체에는 대체 용도가 없고, 지금까지 수행을 완료한 부분에 대해 집행 가능한 지급청구권이 기업에 있다.

(2) 한 시점에서 이행하는 수행의무
수행의무가 기간에 걸쳐 이행되지 않는다면, 그 수행의무는 한 시점에 이행되는 것이다. 고객이 약속된 자산을 통제하고 기업이 수행의무를 이행하는 특정 시점에서 수익을 인식한다.

핵심 03 계약원가

계약원가는 계약수익에 대응되는 요소로서, 계약체결 증분원가와 계약이행원가로 구분한다.

1. 계약체결 증분원가

계약체결 증분원가는 고객과 계약을 체결하기 위해 들인 원가로서 계약을 체결하지 않았다면 들지 않았을 원가이다(예 판매수수료).
① 고객과의 계약체결 증분원가가 회수될 것으로 예상된다면 이를 자산으로 인식한다.
② 계약체결 증분원가를 자산으로 인식하더라도 상각기간이 1년 이하라면 그 계약체결 증분원가는 발생시점에 비용으로 인식하는 실무적 간편법을 쓸 수 있다.
③ 계약체결 여부와 무관하게 드는 계약체결원가는 계약체결 여부와 관계없이 고객에게 그 원가를 명백히 청구할 수 있는 경우가 아니라면 발생시점에 비용으로 인식한다.

2. 계약이행원가

고객과의 계약을 이행할 때 드는 원가가 다른 기업회계기준서의 적용 범위에 포함되지 않는 원가를 말한다.

3. 계약자산과 계약부채의 표시

계약당사자 중 어느 한편이 계약을 수행했을 때, 기업의 수행 정도와 고객의 지급과의 관계에 따라 그 계약을 계약자산이나 계약부채로 재무상태표에 표시한다. 대가를 받을 무조건적인 권리는 수취채권으로 구분하여 표시한다.

(1) 계약자산

계약자산(Contract Asset)은 기업이 고객에게 이전한 재화나 용역에 대하여 그 대가를 받을 기업의 권리로, 그 권리에 시간의 경과 외의 조건(예 기업의 미래 수행)이 있는 자산이다. 그 계약에 대해 수취채권으로 표시한 금액이 있다면 이를 제외하고 계약자산으로 표시한다.

(2) 수취채권

수취채권(Receivables)은 기업이 대가를 받을 무조건적인 권리이다. 시간만 지나면 대가를 지급받기로 한 때가 되는 경우에 그 대가를 받을 권리는 무조건적이다. 예를 들면, 기업에 현재 지급청구권이 있다면 그 금액이 미래에 환불될 수 있더라도 수취채권을 인식한다. 수취채권의 측정치와 인식한 수익에 상응하는 금액 간의 차이는 비용(예 손상차손)으로 표시한다.

(3) 계약부채

계약부채(Contract Liability)는 기업이 고객에게서 이미 받은 대가(또는 지급기일이 된 대가)에 상응하여 고객에게 재화나 용역을 이전하여야 하는 기업의 의무이다.

핵심 04   거래형태별 수익인식

1. 수익의 인식

수익인식은 수익이 속하는 회계기간을 결정하는 것으로서 수익의 기간귀속에 관한 것이다. 즉, 수익을 어느 회계기간의 손익계산에 포함시킬 것인가를 결정하는 과정을 수익의 인식이라고 한다. 한국채택국제회계기준에서는 수익을 5단계를 거쳐서 인식한다고 하였다. 일반적으로 수익은 다음의 두 가지 요인이 충족될 때 실현되었다고 본다.

(1) 가득(稼得)기준

수익획득과정이 완료되거나 실질적으로 거의 완료되어야 한다. 즉, 기업이 고객과의 거래에서 재화나 용역을 이전되는 시점에서 수행의무가 이행되는 것으로 본다.

(2) 측정(測定)기준

수익획득활동으로 인해 기업이 고객과의 거래에서 재화나 용역을 이전하고 고객으로부터 받았거나 받을 대가의 공정가치를 합리적으로 측정할 수 있어야 한다.

2. 거래형태별 수익인식 기준

회계에서 인식은 특정 거래를 화폐가치로 측정하여 장부 또는 재무제표에 기록하는 것을 의미한다. 수익의 인식기준에는 현금기준(Cash Basis)과 발생기준(Accrual Basis)이 있다.

(1) 현금기준

현금기준은 현금이 입·출금되는 기간에 수익으로 인식하는 것으로 수익은 현금이 입금되는 시점, 비용은 현금이 출금되는 시점에서 수익을 인식한다.

(2) 발생기준

발생기준은 현금의 입출금과는 무관하게 수익과 비용이 발생하는 시점에서 인식한다.
① **비용**: 발생 즉시 인식
② **수익**: 실현 시점

3. 특정 시점에서 수익을 인식하는 경우

(1) 현금판매 및 신용(외상)판매

재화나 용역의 이전(제공)으로 인한 수익은 재화나 용역을 고객에게 인도한 시점에서 거래가격으로 인식한다. 이때 거래가격은 현금가격상당액이다. 다만, 장기신용매출의 경우에는 재화나 용역의 거래가격이 미래시점에서 회수되는 현금및현금성자산의 현재가치(미래현금흐름의 현가)로 결정한다.

(2) 설치 및 검사조건부 판매

고객이 재화의 인도를 수락하고 설치와 검사가 완료된 때 고객이 자산을 통제하는 것이다. 이런 경우에 수익으로 인식한다.
① 재화나 용역이 합의된 규격에 부합하는지 객관적으로 판단할 수 있다면 고객의 인수 여부와 관계없이 수익으로 인식한다.
② 재화나 용역이 합의된 규격에 부합하는지 객관적으로 판단할 수 없다면 고객이 인수를 수락하는 시점에서 수익으로 인식한다.

(3) 반품권이 있는 판매

반품기간에 언제라도 반품을 받기로 하는 기업의 약속은 환불할 의무에 더하여 수행 의무로 회계처리하지 않는다.

① 기업이 받을 권리를 갖게 될 것으로 예상하는 대가(금액)를 이전하는 제품에 대한 수익으로 인식(그러므로 반품이 예상되는 제품에 대해서는 수익을 인식하지 않을 것이다)

② 환불부채를 인식

③ 환불부채를 결제할 때, 고객에게서 제품을 회수할 기업의 권리에 대하여 자산(과 이에 상응하는 매출원가 조정)을 인식

(4) 정기간행물 구독료

정기간행물의 구독료는 해당 품목의 판매가격이 매기 비슷한 경우에는 발송기간에 걸쳐 정액기준으로 수익을 인식한다. 그러나 품목의 판매가격이 기간별로 다른 경우에는 발송된 품목의 판매가격이 구독신청을 받은 모든 품목의 추정 총판매가액에서 차지하는 비율에 따라 수익을 인식한다.

(5) 할부판매

할부판매는 재화나 용역을 고객에게 이전하고 거래가격은 미래의 일정한 기간에 걸쳐 분할하여 회수하는 형태의 판매를 말한다. 이전시점과 대가를 지급하는 시점까지의 기간이 1년 이내일 것으로 예상하는 단기할부판매는 유의적인 금융요소가 포함되어 있지 않으므로 약속한 대가를 조정하지 않는다. 그러나 대금회수가 장기인 경우에는 현재가치로 평가한 금액을 수익으로 인식하고 유의적인 금융요소는 이자수익으로 인식한다. 거래가격은 할부금액을 내재이자율로 할인한 현재가치이며, 이자수익은 유효이자율법을 적용하여 기간 경과 시 수익으로 인식한다.

(6) 위탁판매

위탁판매(委託販賣)는 재화의 판매를 다른 회사에 위탁하는 방법을 말하며, 판매를 위탁한 회사를 '위탁자'라고 하고, 판매를 위탁받은 회사를 '수탁자'라고 한다. 수탁자는 수탁상품의 매출액을 수익으로 인식하는 것이 아니라 위탁자로부터 받기로 한 판매수수료만 수익으로 인식한다. 또한 위탁자는 수탁자가 매출한 금액을 수익으로 인식하고 수탁자가 제3자에게 판매한 날 수익이 실현된 것으로 본다.

(7) 시용판매

시용판매는 신제품 등의 홍보를 위하여 구매예정자에게 일정 기간 동안 시험사용기간을 부여하는 판매방식이다. 시용판매를 위하여 발송한 재화를 '시송품'이라고 하며, 시송품을 구매예정자에게 발송했다 하더라도 재화의 매출이 확정된 것이 아니기

때문에 거래가격에 의한 비망기록(대조계정을 사용하여 분개)을 한 후 구매자가 매입 의사를 표시한 날에 수익으로 인식한다. 매입의사표시가 없는 시송품에 대해서는 원가를 계산하여 기말재고에 포함한다.

(8) 고객이 행사하지 아니한 권리(상품권)

고객에게서 선수금을 받은 경우에는 미래에 재화나 용역을 이전할 (또는 언제라도 이전할 수 있는 상태에 있어야 하는) 수행의무에 대한 선수금을 계약부채로 인식한다. 그 재화나 용역을 이전하고 따라서 수행의무를 이행할 때 계약부채를 제거(하고 수익을 인식)한다.

상품권의 경우 상품권 발행회사는 상품권의 액면금액을 계약부채(선수금)의 과목으로 하여 부채로 계상하고, 할인발행한 경우에는 할인액을 상품권할인액의 과목으로 하며, 상품권할인액은 계약부채(선수금)의 차감항목으로 재무상태표에 공시한다.

상품권 발행회사는 재화를 고객에게 인도하는 시점에 수행의무를 이행한 것이므로 상품권의 액면금액은 수익으로 인식하고 상품권할인액은 매출에누리로 처리하여 수익에서 차감한다.

(9) 선수금에 포함된 유의적인 금융요소

재화나 용역을 판매하면서 대가를 먼저 수취하고 재화나 용역을 나중에 고객에게 이전하는 경우도 있다. 이 경우 대가의 수취 시점과 재화나 용역의 이전 시점 사이의 기간이 1년 이상인 경우라면 유의적인 금융요소가 포함된 것이다. 이때 유의적인 금융요소는 거래가격에서 조정하여야 한다. 기업은 고객과의 계약을 체결하고 대가를 수취한 시점에서 계약부채로 인식한다. 계약부채는 재화나 용역을 이전하는 시점까지 유효이자율법을 적용하여 이자비용을 인식하고 계약부채에 가산한다. 해당 계약부채는 재화나 용역이 이전되는 시점에서 수익으로 인식한다.

(10) 부동산의 판매

부동산의 판매수익은 법적 소유권이 구매자에게 이전되는 시점에 인식한다. 그러나 법적 소유권이 이전되기 전이라도 소유에 따른 위험과 효익이 구매자에게 실질적으로 이전되는 경우가 있다. 즉, 잔금청산일, 소유권이전등기일 또는 매입자의 사용가능일 중 가장 빠른 날에 인식한다.

(11) 판매대리

기업이 타인의 대리인 역할만 수행하여 재화를 판매하는 경우에는 판매금액 총액을 수익으로 계상할 수 없으며, 판매수수료만을 수익으로 인식해야 한다(예 임대업, 수출대행 종합상사, 인터넷상 중개판매 또는 경매 등).

(12) 재매입약정

자산을 판매하고, 그 자산을 다시 사기로 약속하거나 다시 살 수 있는 선택권을 갖는 계약으로 다음 3가지가 있다.

① 자산을 다시 사야 하는 기업의 의무(선도: Forward)

② 자산을 다시 살 수 있는 기업의 권리(콜옵션: Call Option)

③ 고객이 요청하면 자산을 다시 사야 하는 기업의 의무(풋옵션: Put Option)

4. 기간에 걸쳐 수익을 인식하는 경우(진행기준)

(1) 설치수수료

설치수수료는 재화를 판매한 후 설치하는 용역을 제공하는 경우에는 해당 설치용역이 이전되는 재화와 구별되는 용역인지 여부에 따라 회계처리한다.

① 설치용역이 재화와 구별되는 경우 별도의 수행의무로 보고 수익을 인식한다.

② 설치용역이 재화와 구별되지 않는 경우 단일의 수행의무로 보고 재화의 통제가 이전되는 시점에서 수익을 인식한다.

(2) 광고수수료

광고매체수수료는 광고 또는 상업방송이 대중에게 전달될 때 인식하고, 광고제작수수료는 광고제작의 진행률에 따라 인식한다.

(3) 예술공연 등 입장료수익

예술공연, 축하연, 기타 특별공연 등에서 발생하는 수익은 행사가 개최되는 시점에 인식한다. 하나의 입장권으로 여러 행사에 참여할 수 있는 경우의 입장료수익은 각각의 행사를 위한 용역의 수행된 정도가 반영된 기준에 따라 각 행사에 배분하여 인식한다.

(4) 수강료수익

강의 기간에 걸쳐 수익으로 인식한다.

(5) 건설계약

일반적으로 건설계약은 교량, 건물, 댐, 파이프라인, 도로, 선박 또는 터널과 같은 단일 자산을 건설하기 위하여 체결하고 기간에 걸쳐서(진행기준) 수익을 인식한다.

① 재무상태표에는 다음과 같이 표시한다.

㉠ 미청구공사(계약자산) 총액은 자산으로 표시한다.

㉡ 초과청구공사(계약부채) 총액은 부채로 표시한다.

② **진행률의 계산**: 산출법과 투입법이 있다.

$$\text{진행률} = \frac{\text{누적발생원가}}{\text{추정총계약원가}} = \frac{\text{누적발생원가(발생원가 합계)}}{\text{누적발생원가 + (잔존)추정추가원가}}$$

③ **예상손실의 인식**: 총계약원가가 총계약수익을 초과할 가능성이 높은 경우, 예상되는 손실과 전기에 인식한 이익의 합계액을 즉시 당기비용으로 인식한다.

핵심 05 비용회계

1. 비용의 의의

비용(費用)은 수익의 획득을 위하여 희생된 경제적 가치로서, 정상적인 영업활동의 결과로 발생하는 경제적 효익의 총유출이다. 따라서 비용은 기업의 경영활동에 의한 자산의 감소 또는 부채의 증가에 의한 자본의 감소액으로서, 지분참여자(자본주)에 대한 분배액을 제외한다.

2. 비용의 측정

비용은 비용발생과 관련하여 감소한 자산 또는 증가한 부채의 공정가치로 측정한다.

3. 비용의 인식

비용의 인식은 수익과 비용의 대응 관계에 따라 비용의 기간귀속을 결정하는 것이다. 즉, 비용금액을 적절히 측정하여 어느 회계기간에 배분할지를 결정하는 과정이다.

(1) 수익과의 인과관계에 따라 인식하는 경우(직접대응)

특정 수익을 획득하기 위하여 희생된 비용으로서 개별적으로 식별가능한 것

㉠ 매출원가, 직접적인 판매비(개별적인 운반비, 포장비, 판매원수당, 판매보증비 등)

(2) 체계적이고 합리적인 기간배분의 원칙에 따라 인식하는 경우(간접대응)

수익과의 개별적인 대응관계는 성립되지 않지만 일정 기간 동안 체계적으로 배분되는 것

㉠ 감가상각비, 무형자산상각비, 보험료, 임차료 등

(3) 발생 즉시 인식하는 경우(발생 즉시)

수익과의 개별적인 대응관계도 불확실하고, 일정 기간 동안 체계적으로 배분되지도 않는 경우에는 자산이 감소하거나 부채가 증가하는 시점을 기준으로 인식

㉠ 수선비, 급여, 손상차손(대손상각비) 등 대부분의 비용

4. 비용의 분류

한국채택국제회계기준에서는 비용을 포괄손익계산서에 성격별로 구분하여 표시할 것인지, 기능별로 구분하여 표시할 것인지를 선택할 수 있도록 규정하고 있다.

(1) 성격별 표시

당기손익에 포함된 비용은 그 성격(예 감가상각비, 원재료의 구입, 운송비, 종업원급여와 광고비 등)별로 표시하여 미래현금흐름을 예측하는 데 유용한 정보를 제공할 수 있고, 기능별로 재배분하지 않는다.

(2) 기능별 표시

기능별 분류법은 '매출원가법'이라고도 하는데, 비용을 매출원가, 물류원가(물류비), 관리활동원가(일반관리비) 등과 같이 기능별로 분류한다. 이 방법에서는 적어도 매출원가를 다른 비용과 분리하여 공시하고 성격별로 추가 공시를 하여야 한다.

① **매출원가**: 상품 등의 판매 또는 용역의 제공으로 계상된 매출상품(제품)의 원가
② **물류비 및 관리비**: 상품판매와 용역제공의 판매활동에 관련된 비용(물류비)과 기업의 관리와 유지에서 발생하는 비용(관리비)
③ **기타비용 등**: 기업의 주요 영업활동에 직접 관련되지 않은 부수적 활동에 따라 발생하는 거래로 나타나는 비용과 비경상적으로 발생하는 손실
④ **법인세비용**: 당기에 부담할 법인세
　　㉠ 이연법인세자산: (차감할 차이 × 미래세율) ⇨ 선급법인세
　　㉡ 이연법인세부채: (가산할 차이 × 미래세율) ⇨ 미지급법인세

중간예납	(차)법 인 세 비 용 ×××	(대)현　　　　　금 ×××
법인세의 확정 **(결산정리)**	(차)법 인 세 비 용 ××× 　　　이연법인세자산 ××× (차)법 인 세 비 용 ×××	(대)미 지 급 법 인 세 ××× (대)미 지 급 법 인 세 ××× 　　　이연법인세부채 ×××
법인세의 납부	(차)미 지 급 법 인 세 ×××	(대)현　　　　　금 ×××

핵심 06 결산정리 및 수익·비용의 이연과 예상

1. 결산정리사항

결산정리는 기말정리라고도 하는데, 시산표에서 대차평균의 원리에 의하여 원장 각 계정의 기록·계산의 정확성을 확인했더라도 원장 잔액과 실제 잔액에 차이가 있을 수 있다. 이러한 경우 원장 잔액과 실제 잔액을 일치시켜 보고하여야 한다. 그 내용을 조사하여 변동사항을 기재하는 표를 재고조사표라고 하고, 기재된 원장 잔액의 변동사항을 결산정리(기말정리)사항이라 한다. 결산정리사항은 다음과 같다.

① 재고자산(상품 등)의 평가(측정)
② 재고자산의 감모손실과 평가손실 계상
③ 매출채권 등에 대한 대손 추정
④ 금융자산(유가증권)의 평가
⑤ 유형자산의 감가상각, 무형자산의 상각
⑥ 수익·비용의 이연과 예상
⑦ 소모품의 정리(비용처리법, 자산처리법)
⑧ 임시계정(가계정)의 정리
⑨ 충당부채의 설정
⑩ 부가가치세계정의 정리
⑪ 법인세비용의 계산
⑫ 현재가치할인차금의 상각(환입) 등
⑬ 사채발행차금의 상각(환입)
⑭ 외화 자산과 부채의 평가(자산의 손상 및 재평가)

2. 수익·비용의 이연과 예상

(1) 비용의 이연(선급비용)

당기에 속해 있는 비용 중에 차기의 속하는 비용을 당기의 비용으로부터 차감하고 그 금액을 자산(선급비용)으로 계상하는 것을 비용의 이연이라고 한다. 선급비용에는 선급보험료·선급임차료·선급이자비용 등이 있다.

(차) 선 급 보 험 료	×××	(대) 보 험 료	×××

(2) 수익의 이연(선수수익)

당기에 받은 수익 중 차기에 속하는 부분을 당기의 수익에서 제외하고, 부채(선수수익)로 차기에 이월하는 것을 말한다. 선수수익에는 선수임대료·선수이자수익 등이 있다.

(차)임　　대　　료　　×××	(대)선 수 임 대 료　　×××	

(3) 비용의 예상(미지급비용)

당기의 비용을 아직 지급하지 못했지만 당기의 비용으로 계상하고, 그 금액을 부채(미지급비용)로 차기에 이월하는 것을 비용의 예상이라고 한다. 이러한 계정을 계상하지 않으면 비용이 과소계상 되거나 부채가 과소표시 계상되어 이익이 과대표시된다. 미지급비용으로는 미지급이자비용·미지급급여·미지급임차료 등이 있다.

(차)급　　　　여　　×××	(대)미 지 급 급 여　　×××	

(4) 수익의 예상(미수수익의 계상)

당기에 받아야 할 수익을 아직 받지 못했지만 당기의 수익으로 계상하고, 그 금액을 자산(미수수익)으로 차기에 이월하는 것을 수익의 예상이라고 한다. 이러한 계정을 계상하지 않으면 수익이 과소계상되거나 자산이 과소표시 계상되어 이익이 과소표시된다. 미수수익으로는 미수이자수익·미수수수료·미수임대료 등이 있다.

(차)미 수 이 자 수 익　　×××	(대)이　 자　 수　 익　　×××	

(5) 소모품·저장품의 회계처리

소모품은 문구류·사무용품 등을 말하며, 저장품은 저장한 후에 차후 사용하여 소모되는 물품으로서 유류·가스·연료 등을 말한다.

① **자산처리법**

　㉠ 구입 시

(차)소　　모　　품　　×××	(대)현　　　　금　　×××	

　㉡ 결산 시

(차)소 모 품 비　　×××	(대)소　　모　　품　　×××	
	（ 당 기　 사 용 액 ）	

② 비용처리법

㉠ 구입 시

(차)소 모 품 비	×××	(대)현 금 ×××

㉡ 결산 시

(차)소 모 품	×××	(대)소 모 품 비 ×××
		(당 기 미 사 용 액)

▶ **수익계정과 비용계정의 구조**

수익계정(수손금)

손익(발생주의)	×××	현 금 수 입 액	×××
기 초 미 수 수 익	×××	기 말 미 수 수 익	×××
기 말 선 수 수 익	×××	기 초 선 수 수 익	×××
	×××		×××

비용계정(비금손)

현 금 지 급 액	×××	손익(발생주의)	×××
기 초 선 급 비 용	×××	기 말 선 급 비 용	×××
기 말 미 지 급 비 용	×××	기 초 미 지 급 비 용	×××
	×××		×××

빈칸 채우기로 CHAPTER 마무리

❶ 계약은 둘 이상의 당사자 사이에 집행 가능한 ( )와 ( )가 생기게 하는 합의 이다.

---

❷ 고객에게서 대가를 받은 경우에는 수익으로 인식한다.
- 고객에게 재화나 용역을 이전해야 하는 의무가 남아 있지 않고, 고객이 약속한 대가를 모두(또는 대부분) 받았으며 그 대가는 ( )되지 않는다.
- 계약이 종료되었고, 고객에게서 받은 대가는 ( )되지 않는다.

---

❸ 거래가격은 고객에게 약속한 재화나 용역을 이전하고 그 대가로 기업이 받을 권리를 갖게 될 것으로 예상하는 금액이며, 제3자를 대신해서 회수한 금액(예 일부 판매세)은 ( )한다.

---

❹ 계약에서 약속한 대가에 ( )(예 할인, 리베이트, 환불, 장려금 등)이 포함된 경우에는 고객에게 약속한 재화나 용역을 이전하고 그 대가로 받을 권리를 갖게 될 금액을 추정한다.

정답

① 권리 / 의무 ② 환불 / 환불 ③ 제외 ④ 변동금액

❺ 모든 수익은 고객에게 약속한 재화나 용역, 즉 자산을 이전하여 수행의무를 이행할 때(또는 기간에 걸쳐 이행하는 대로) 수익을 인식한다. 자산의 이전은 고객이 그 자산을 (   )(또는 기간에 걸쳐 통제하게 되는 대로) 이전된다.

❻ 한 시점에서 이행하는 수행의무: 수행의무가 기간에 걸쳐 이행되지 않는다면, 그 수행의무는 (   )에 이행되는 것이다.

❼ 계약자산은 기업이 고객에게 이전한 재화나 용역에 대하여 그 대가를 받을 기업의 권리로, 그 권리에 시간의 경과 외의 (   )(예 기업의 미래 수행)이 있는 자산이다.

❽ 수취채권은 기업이 대가를 받을 (   )적인 권리이다. 시간만 지나면 대가를 지급받기로 한 때가 되는 경우에 그 대가를 받을 권리는 무조건적이다.

❾ 계약상 권리와 의무의 집행 가능성은 법률적인 문제이다. 계약은 (   )으로, (   )로, 기업의 사업 관행에 따라 (   )적으로 체결할 수 있다.

❿ 고객과의 어떤 계약은 존속 기간이 고정되지 않을 수 있고 당사자 중 어느 한편이 언제든지 (   )하거나 (   )할 수도 있다.

⓫ 고객과의 계약에는 기업이 고객에게 이전하기로 약속하는 재화나 용역을 분명히 기재한다. 그러나 고객과의 계약에서 식별되는 수행의무는 계약에 분명히 기재한 (   )나 (   )에만 (   )되지 않을 수 있다.

⓬ 기업이 재화나 용역을 고객에게 이전할 것이라는 (   )를 하도록 한다면, 이러한 약속도 고객과의 계약에 포함될 수 있다.

⓭ 계약을 이행하기 위해 해야 하지만 고객에게 재화나 용역을 이전하는 활동이 아니라면 그 활동은 (   )에 포함되지 않는다.

⓮ 거래가격을 산정하기 위하여 기업은 재화나 용역을 현행 계약에 따라 약속대로 고객에게 이전할 것이고 이 계약은 (   )·(   )·변경되지 않을 것이라고 가정한다.

⓯ 변동대가와 관련된 불확실성이 나중에 해소될 때, 이미 인식한 누적 수익 금액 중 유의적인 부분을 되돌리지(환원하지) 않을 가능성이 매우 (   ) 정도까지만 추정된 변동대가의 일부나 전부를 (   )에 포함한다.

⓰ 거래가격은 상대적 개별 (   )에 기초하여 각 수행의무에 배분한다. 할인금액이 있는 경우 할인금액 전체가 계약상 하나 이상의 일부 수행의무에만 관련된다는 관측 가능한 증거가 있는 때 외에는, 할인금액을 계약상 (   ) 수행의무에 비례하여 배분한다.

정답
❺ 통제할 때   ❻ 한 시점   ❼ 조건   ❽ 무조건   ❾ 서면 / 구두 / 암묵   ❿ 종료 / 수정   ⓫ 재화 / 용역 / 한정
⓬ 정당한 기대   ⓭ 수행의무   ⓮ 취소 / 갱신   ⓯ 높은 / 거래가격   ⓰ 판매가격 / 모든

⑰ 계약체결 증분원가는 고객과 계약을 체결하기 위해 들인 원가로서 계약을 체결하지 않았다면 들지 않았을 원가이다.
• 고객과의 계약체결 증분원가가 회수될 것으로 예상된다면 이를 (　　　　　　)으로 인식한다.
• 계약체결 증분원가를 자산으로 인식하더라도 상각기간이 (　　　　　　) 이하라면 그 계약체결 증분원가는 발생시점에 (　　　　　　)으로 인식하는 실무적 간편법을 쓸 수 있다.

⑱ 재화나 용역이 (　　　　　　)된 규격에 부합하는지 (　　　　　　)으로 판단할 수 있다면 고객의 인수 여부와 관계없이 (　　　　　　)으로 인식한다.

⑲ 재화나 용역이 합의된 규격에 부합하는지 (　　　　　　)으로 판단할 수 없다면 고객이 인수를 (　　　　　　)에서 수익으로 인식한다.

⑳ 정기간행물의 구독료는 해당 품목의 판매가격이 매기 비슷한 경우에는 발송기간에 걸쳐 (　　　　　　)으로 수익을 인식한다.

㉑ 수탁자는 수탁상품의 매출액을 수익으로 인식하는 것이 아니라 위탁자로부터 받기로 한 (　　　　　　)만 수익으로 인식한다.

㉒ 시용판매는 구매자가 매입의사를 표시한 날에 (　　　　　　)으로 인식한다. 매입의사표시가 없는 시송품에 대해서는 원가를 계산하여 (　　　　　　)에 포함한다.

㉓ 고객에게서 선수금을 받은 경우에는 미래에 재화나 용역을 이전할 또는 언제라도 이전할 수 있는 상태에 있어야 하는 수행의무에 대한 선수금을 (　　　　　　)로 인식한다.

㉔ 광고매체수수료는 광고 또는 상업방송이 대중에게 (　　　　　　)될 때 인식하고, 광고제작수수료는 광고제작의 (　　　　　　)에 따라 인식한다.

㉕ 당기손익에 포함된 비용을 그 성격별로 표시하는 경우 (　　　　　　)을 예측하는 데 유용한 정보를 제공할 수 있고, (　　　　　　)로 재배분하지 않는다.

㉖ 기능별 분류법은 (　　　　　　)이라고도 하는데, 비용을 매출원가, 물류원가, 관리활동원가 등과 같이 기능별로 분류한다. 이 방법에서는 적어도 매출원가를 다른 비용과 (　　　　　　)하여 공시하고 (　　　　　　)로 추가 공시를 하여야 한다.

정답

⑰ 자산 / 1년 / 비용　⑱ 합의 / 객관적 / 수익　⑲ 객관적 / 수락하는 시점　⑳ 정액기준　㉑ 판매수수료
㉒ 수익 / 기말재고　㉓ 계약부채　㉔ 전달 / 진행률　㉕ 미래현금흐름 / 기능별　㉖ 매출원가법 / 분리 / 성격별

13 회계변경과 오류수정

▶ **연계학습** | 에듀윌 기본서 1차 [회계원리 上] p.502　　　　　　　　회독체크 1 2 3

CHAPTER 미리보기

| 01 회계변경 | 02 오류수정 ★★☆ |

핵심 01 **회계변경**

회계변경은 종전에 비하여 보다 더 목적적합하거나 신뢰할 수 있는 회계원칙 등이 개발되었거나 또는 새로운 정보를 얻게 된 경우에, 종전에 적용하던 회계원칙이나 추정치 등을 변경하는 것을 말한다.

① 회계변경은 정당한 사유가 있는 경우를 제외하고는 허용되지 않는다. 회계변경을 하는 기업은 반드시 회계변경의 정당성을 입증해야 한다.

② 회계변경은 회계정책의 변경과 회계추정의 변경으로 구분되며, 기업은 다음 중 하나의 경우에 회계정책을 변경할 수 있다.

　㉠ 한국채택국제회계기준에서 회계정책의 변경을 요구하는 경우

　㉡ 회계정책의 변경을 반영한 재무제표가 거래, 기타 사건 또는 상황이 재무상태, 재무성과 또는 현금흐름에 미치는 영향에 대하여 신뢰성 있고 더 목적적합한 정보를 제공하는 경우

1. 회계정책의 변경

(1) 의의

① 회계정책의 변경은 일반적으로 인정하는 회계원칙(One GAAP)에서 일반적으로 인정하는 회계원칙(Another GAAP)으로의 변경만을 의미하며 일반적으로 인정되지 아니한 회계원칙(Non-GAAP)에서 일반적으로 인정된 회계원칙(GAAP)으로 수정하는 것은 회계정책변경이 아닌 오류수정이다. 회계정책변경의 영향을 실무적으로 결정할 수 없는 경우, 소급적용의 누적효과를 실무적으로 적용 가능한 최초 회계기간까지 소급적용하도록 한다. 최초 회계기간은 당기일 수도 있으므로 이 경우에는 당기부터 전진적용하도록 한다.

② 회계정책의 변경에 해당하는 사례

　ⓐ 재고자산 평가방법을 선입선출법에서 가중평균법으로 변경하는 경우

　ⓑ 투자부동산·유형자산·무형자산 등을 원가모형에서 재평가모형으로 변경하는 경우(원가모형 ⇨ 재평가모형)

　ⓒ 유가증권의 취득단가 산정방법을 총평균법에서 이동평균법으로 변경하는 경우

　ⓓ 측정기준의 변경 등

③ 회계정책의 변경에 해당하지 않는 사례

　ⓐ 과거에 발생한 거래와 실질이 다른 거래, 기타 사건 또는 상황에 대하여 다른 회계정책을 적용하는 경우

　ⓑ 과거에 발생하지 않았거나 발생하였어도 중요하지 않았던 거래, 기타 사건 또는 상황에 대하여 새로운 회계정책을 적용하는 경우

(2) 개발과 적용

거래 등에 대한 한국채택국제회계기준이 없는 경우, 경영진은 경영진의 판단에 따라 회계정책을 개발하여 적용하도록 규정한다.

(3) 회계처리

회계정책을 변경하는 경우에는 특정 기간에 미치는 영향이나 누적효과를 원칙적으로 소급적용한다. 그러나 그 효과를 실무적으로 결정할 수 없는 경우, 실무적으로 적용 가능한 최초 회계기간까지 소급적용하도록 한다. 최초 회계기간은 당기일 수도 있으므로 이 경우에는 당기부터 전진적용하도록 한다. 소급적용은 새로운 회계정책을 처음부터 적용한 것처럼 거래, 기타사건 및 상황에 적용하는 것을 말한다.

> **참고　소급법**
>
> 소급법은 회계변경의 누적효과를 계산하여, 이를 전기손익수정 항목으로 회계변경연도의 기초이익잉여금을 수정하는 방법이다. 비교목적으로 공시되는 전기의 재무제표는 변경된 방법으로 소급적용하여 재작성하여야 한다. 소급법은 비교가능성은 제고되지만 신뢰성을 저해시키는 문제를 가지고 있다.

2. 회계추정의 변경

(1) 의의

회계추정의 변경은 당초 추정의 근거가 되었던 상황의 변화, 새로운 정보의 획득, 추가적인 경험의 축적에 따라 지금까지 사용해 오던 회계적 추정치를 바꾸는 것이다. 따라서 이는 오류수정에 해당하지 아니한다.

① 회계추정의 변경효과는 그 영향이 미치는 기간에 따라 전진적으로 인식한다. 회계추정 변경이 자산 및 부채에 영향을 주거나 자본의 구성요소에 관련되는 경우, 회계추정을 변경한 기간에 관련 자산, 부채 또는 자본구성요소의 장부금액을 조정하여 회계추정의 변경 효과를 인식하도록 한다.

② **회계추정의 변경에 해당하는 사례**

    ㉠ 대손에 대한 추정의 변경

    ㉡ 재고자산 진부화에 대한 추정의 변경

    ㉢ 금융자산이나 금융부채의 공정가치

    ㉣ 감가상각자산의 내용연수 및 잔존가치 또는 감가상각자산에 내재된 미래경제적 효익의 기대소비행태(상각방법)

    ㉤ 품질보증의무 등

(2) 회계처리

회계추정의 변경은 그 효과를 변경이 발생한 기간과 그 이후의 회계기간에 당기손익에 포함하여 전진적으로 인식한다. 회계추정 변경의 효과가 당기에만 미치는 경우에는 당기손익으로 인식하며, 미래기간에 영향을 미치는 경우에는 미래기간의 손익으로 인식한다.

참고   **전진법**

전진법은 과거에 보고된 결과에 대해서는 아무런 수정도 하지 않는 대신 회계변경 연도 초의 장부상 잔액에 근거하여 회계변경 기간과 그 이후의 회계기간에 대해서만 변경된 회계처리방법을 적용한다. 따라서 이 경우에는 변경 전의 회계처리방법상의 차이에 따라 나타날 수 있는 회계변경의 누적효과가 당기와 당기 이후의 기간에 분산되어 반영된다.

참고   **회계변경의 주요이론**

- 추정의 근거가 되었던 상황의 변화, 새로운 정보의 획득, 추가적인 경험의 축적이 있는 경우의 변경은 과거기간과 연관되지 않으며 오류수정으로 보지 아니한다.
- 측정기준의 변경은 회계추정의 변경이 아니라 회계정책의 변경에 해당한다.
- 정책의 변경과 추정의 변경을 구분하는 것이 어려운 경우, 이를 회계추정의 변경으로 본다.
- 회계정책변경과 추정변경이 동시에 이루어지는 경우, 회계정책의 변경에 의한 효과를 먼저 계산하여 소급적용한 후 회계추정 변경효과를 전진적으로 적용한다.

처리방법	의의(내용)	전기의 재무제표	특징
소급법	과거를 소급하여 미래로 적용함 누적효과를 계산(기초잉여금수정)	재작성	신뢰성 저하 비교가능성 유지
전진법	당기부터 미래로 적용함 누적효과를 계산하지 않음	재작성하지 않음	신뢰성 유지 비교가능성 저하

핵심 02 오류수정 ★★☆

오류는 재무제표 구성요소의 인식, 측정, 표시 또는 공시와 관련하여 발생할 수 있다. 기업의 재무상태, 재무성과 또는 현금흐름을 특정한 의도대로 표시하기 위하여 중요하거나 중요하지 않은 오류를 포함하여 작성된 재무제표는 한국채택국제회계기준에 따라 작성되었다고 할 수 없다. 당기 중에 발견한 당기의 잠재적 오류는 재무제표의 발행승인일 전에 수정한다. 그러나 중요한 오류를 후속기간에 발견하는 경우, 이러한 전기오류는 해당 후속기간의 재무제표에 비교 표시된 재무정보를 재작성하여 수정한다.

1. 의의

① 전기 또는 그 이전에 재무제표를 작성할 때 신뢰할 만한 정보를 이용하지 못했거나 잘못 이용하여 발생한 재무제표에의 누락이나 왜곡 표시된 것을 오류라고 하고 그것이 발견되어 이를 올바르게 수정하는 것을 오류수정이라 한다.

② 오류는 산술적 계산오류, 회계정책의 적용 오류, 사실의 간과 또는 해석의 오류 및 부정 등의 영향을 모두 포함한다.

③ 이러한 회계상의 오류 중 손익에 관련된 것은 전기오류수정이익(손실)으로서 과거기간의 자산, 부채에 미치는 누적효과는 소급적용하여 기초이익잉여금에 반영하고 비교목적으로 공시되는 재무제표는 재작성한다.

2. 오류의 유형

오류의 유형을 순이익에 영향을 미치는 오류와 순이익에 영향을 미치지 않는 오류로 구분할 수 있으며, 자동조정적 오류와 비자동조정적 오류(영구적 오류)로 구분할 수 있다.

(1) 순이익에 영향을 미치지 않는 오류

순이익에 영향을 미치지 않는 오류는 계정과목 분류상의 오류로서 재무상태표 오류와 포괄손익계산서 오류로 구분된다.

① **재무상태표 오류**: 재무상태표 오류는 재무상태표에만 영향을 미치는 오류를 의미하는 것으로 자산, 부채 및 자본계정의 분류상 오류로 발생한다.

  ㉘ • 비유동자산에 속하는 금융상품을 유동자산으로 분류한 경우
  • 미수금을 매출채권으로 분류한 경우
  • 유동부채를 비유동부채로 분류한 경우
  • 매입채무를 미지급금으로 분류한 경우 등

② **포괄손익계산서 오류**: 포괄손익계산서 오류는 수익과 비용에만 영향을 미치는 오류로서 계정과목을 잘못 분류한 경우에 발생한다. 예를 들어, 이자수익을 수수료수익으로 분류하거나 손상차손을 감가상각비로 분류한 경우 등이다.

(2) 순이익에 영향을 미치는 오류

① 순이익에 영향을 미치는 오류는 재무상태표와 포괄손익계산서 모두에 영향을 미치는 오류를 말한다(예 손익거래). 순이익에 영향을 미치는 전기 이전의 오류는 원칙적으로 소급적용하여야 한다. 즉, 전기이월이익잉여금을 수정하고 비교 공시되는 전기재무제표는 오류수정을 반영하여 재작성하여야 한다.

② 순이익에 영향을 미치는 전기 이전의 오류에 관한 회계처리는 다음과 같다.

> • 전기의 감가상각비 ₩1,000이 ₩1,200으로 과대계상된 경우(순이익의 과소계상)
>   − 오류분개: (차) 감 가 상 각 비   1,200   (대) 감가상각누계액   1,200
>   − 옳은분개: (차) 감 가 상 각 비   1,000   (대) 감가상각누계액   1,000
>   − 수정분개: (차) 감가상각누계액   200   (대) 이월이익잉여금   200

(3) 자동조정적 오류

자동조정적 오류는 오류가 발생하였다 하더라도 두 회계기간이 지나면 오류의 효과가 자동으로 상쇄되는 오류를 말한다(예 기말재고자산, 선급비용의 오류, 미지급비용 오류, 선수수익의 오류, 미수수익의 오류 등).

▶ 재고자산 변동의 예

회계기간	오류발생 연도(당기)		오류발생 다음 연도(차기)	
재고자산 오류	당기순이익	기말이익잉여금	당기순이익	기말이익잉여금
과대계상	과대계상	과대계상	과소계상	영향 없음
과소계상	과소계상	과소계상	과대계상	영향 없음

(4) 비자동조정적 오류

비자동조정적 오류(영구적 오류)는 두 회계기간의 경과만으로는 자동조정 되지 않는 오류를 말한다(예 기계취득에 따른 지출을 전액 수익적 지출로 처리한 경우, 감가상각비 오류 등).

(5) 회계처리

전기오류는 특정 기간에 미치는 오류의 영향이나 오류의 누적효과를 실무적으로 결정할 수 없는 경우를 제외하고는 소급재작성에 의하여 수정한다. 여기서 소급하여 재작성한다는 뜻은 오류가 처음부터 발생하지 않은 것처럼 재무제표요소의 인식, 측정 및 공시를 수정하는 것을 말한다.

① 전기오류의 수정은 오류가 발견된 기간의 당기손익으로 보고하지 않는다.

② 오류의 수정은 회계추정의 변경과는 구별된다.

③ 우발상황의 결과에 따라 인식되는 손익은 오류의 수정에 해당하지 아니한다.

구분		회계처리방법
회계변경	정책의 변경	원칙: 소급법 예외: 전진법(회계변경누적효과를 실무적으로 결정할 수 없는 경우)
	추정의 변경	원칙: 전진법
오류수정		원칙: 소급법 예외: 전진법(오류수정누적효과를 실무적으로 결정할 수 없는 경우)

빈칸 채우기로 CHAPTER 마무리

❶ 회계정책변경에 해당하지 않는 경우
- 과거에 발생한 거래와 실질이 (   ) 거래, 기타 사건 또는 상황에 대하여 다른 회계정책을 적용하는 경우
- 과거에 발생하지 않았거나 발생하였어도 중요하지 않았던 거래, 기타 사건 또는 상황에 대하여 (   ) 회계정책을 적용하는 경우

❷ 회계추정변경의 의의: 회계추정의 변경은 새로운 정보의 획득, 새로운 상황의 전개 등에 따라 지금까지 사용해 오던 회계적 추정치를 바꾸는 것이며, 따라서 이는 (   )에 해당하지 아니한다.
- 측정기준의 변경은 회계추정의 변경이 아니라 (   )의 변경에 해당한다.
- 회계정책의 변경과 회계추정의 변경을 구분하는 것이 어려운 경우에는 이를 (   )의 변경으로 본다.

❸ 오류수정의 회계처리
- 전기오류의 수정은 오류가 발견된 기간의 (   )으로 보고하지 않는다.
- 오류의 수정은 회계추정의 변경과 구별된다. 예를 들어, 우발상황의 결과에 따라 인식되는 손익은 (   )에 해당하지 아니한다.

❹ 거래 등에 대한 한국채택국제회계기준이 없는 경우, (   )은 경영진의 판단에 따라 (   )을 개발하여 적용하도록 규정한다.

❺ 회계정책을 변경하는 경우에는 특정 기간에 미치는 영향이나 누적효과를 원칙적으로 (   ) 한다. 그러나 예외적으로 적용 가능한 최초 회계기간이 당기일 수도 있으므로 이 경우에는 당기부터 (   )하도록 한다.

① 다른 / 새로운   ② 오류수정 / 회계정책 / 회계추정   ③ 당기손익 / 오류의 수정   ④ 경영진 / 회계정책
⑤ 소급적용 / 전진적용

CHAPTER 미리보기

01 재무제표의 일반이론 ★★★   04 현금흐름표

02 재무상태표   05 자본변동표

03 포괄손익계산서   06 주석

핵심 01   **재무제표의 일반이론 ★★★**

1. 재무제표의 정의

재무제표(F/S; Financial Statements)는 재무제표 요소의 정의를 충족하는

① 보고기업의 경제적 자원

② 보고기업에 대한 청구권

③ 경제적 자원과 청구권의 변동에 관한 정보를 제공한다.

"재무제표는 기업의 재무상태와 재무성과를 체계적으로 표현한 것이다."라고 정의하고, 한국채택국제회계기준에서는 연결재무제표를 기본재무제표로 하고 있다.

참고   **연결재무제표와 별도재무제표**

연결재무제표는 지배기업과 그 지배기업의 모든 종속기업을 단일의 경제적 실체로 간주하여 작성하는 연결실체의 통합 재무제표를 말한다. 반면에 별도재무제표는 지배기업, 관계기업의 투자자 또는 공동지배기업의 참여자가 투자자산을 피투자자의 보고된 성과와 순자산에 근거하지 않고 직접적인 지분투자에 근거한 회계처리로 표시한 재무제표를 말한다.

2. 재무제표의 목적과 범위

재무제표의 목적은 보고기업에 유입될 미래순현금흐름에 대한 전망과 보고기업의 경제적 자원에 대한 경영진의 수탁책임을 평가하는 데 유용한 보고기업의 자산, 부채, 자본, 수익 및 비용에 대한 재무정보를 재무제표이용자들에게 제공하는 것이다.

인식은 자산, 부채, 자본, 수익 또는 비용과 같은 재무제표 요소 중 하나의 정의를 충족하는 항목을 재무상태표나 재무성과표에 포함하기 위하여 포착하는 과정이다. 자산, 부채 또는 자본이 재무상태표에 인식되는 금액을 '장부금액'이라고 하며, 위험에 대한 정보를 포함한다.

3. 재무제표의 한계점

① 회계추정이 다수 개입되고 있어 신뢰성이 떨어질 수 있다.

　㉖ 매출채권의 손상추정, 유형자산의 내용연수, 우발채무의 추정 등

② 재무상태표의 역사적 원가의 채택으로 적정한 현행가치를 반영하지 못하고 있다.

③ 계량화가 어려우나 재무적 가치가 있는 많은 비화폐적 정보들이 생략되고 있다.

　㉖ 인간자원에 관한 정보, 경영자의 능력 등

④ 회계변경을 인정함으로써 비교가능성이 저해되고 있다.

⑤ 재무제표는 특정 실체에 관한 정보를 제공하며, 산업 또는 경제 전반에 관한 정보는 제공하지는 않는다.

4. 재무제표의 종류

① 전체 재무제표는 다음을 모두 포함하여야 한다.

　㉠ 기말 재무상태표

　㉡ 기간손익과 기타포괄손익계산서

　㉢ 기간 자본변동표

　㉣ 기간 현금흐름표

　㉤ 주석(유의적인 회계정책의 요약 및 그 밖의 설명으로 구성)

　㉥ 회계정책을 소급하여 적용하거나, 재무제표의 항목을 소급하여 재작성 또는 재분류하는 경우 가장 이른 비교기간의 기초 재무상태표

② 기준서에서 사용하는 재무제표의 명칭이 아닌 다른 명칭을 사용할 수 있다. 예를 들면, '기간손익과 기타포괄손익계산서'라는 명칭 대신에 '포괄손익계산서'라는 명칭을 사용할 수 있다. 각각의 재무제표는 전체 재무제표에서 동등한 비중으로 표시하고, 해당 기간에 인식한 모든 수익과 비용 항목은 단일 포괄손익계산서나 두 개의 보고서 중 한 가지 방법으로 표시한다.

5. 재무제표의 일반사항

(1) 공정한 표시와 한국채택국제회계기준의 준수

① 재무제표는 기업의 재무상태, 재무성과 및 현금흐름을 공정하게 표시해야 한다. 한국채택국제회계기준에 따라 작성된 재무제표는 공정하게 표시된 재무제표로 본다.

② 한국채택국제회계기준을 준수하여 재무제표를 작성하는 기업은 그러한 준수 사실을 주석에 명시적이고 제한 없이 기재한다.

③ 재무제표가 한국채택국제회계기준의 요구사항을 모두 충족한 경우가 아니라면 한국채택국제회계기준을 준수하여 작성되었다고 기재하여서는 아니 된다.

④ 부적절한 회계정책은 이에 대하여 공시나 주석 또는 보충 자료를 통해 설명하더라도 정당화될 수 없다.

(2) 계속기업

경영진은 재무제표를 작성할 때 계속기업으로서의 존속가능성을 평가해야 한다. 경영진이 기업을 청산하거나, 경영활동을 중단할 의도를 가지고 있지 않거나, 청산 또는 경영활동의 중단 외에 다른 현실적 대안이 없는 경우가 아니면 계속기업을 전제로 재무제표를 작성한다.

(3) 발생기준

기업은 현금흐름 정보를 제외하고는 발생기준 회계를 사용하여 재무제표를 작성한다.

(4) 중요성과 통합표시

유사한 항목은 중요성 분류에 따라 재무제표에 구분하여 표시한다. 상이한 성격이나 기능을 가진 항목은 구분하여 표시한다. 다만, 중요하지 않은 항목은 성격이나 기능이 유사한 항목과 통합하여 표시할 수 있다.

(5) 상계

한국채택국제회계기준에서 요구하거나 허용하지 않는 한, 자산과 부채 그리고 수익과 비용은 상계하지 아니한다. 즉, 자산과 부채 그리고 수익과 비용은 구분하여 표시한다. 그러나 재고자산에 대한 재고자산평가충당금과 매출채권에 대한 손실충당금과 같은 평가충당금을 차감하여 관련 자산을 순액으로 측정하는 것은 상계표시에 해당하지 아니한다.

(6) 보고빈도

전체 재무제표(비교정보를 포함)는 적어도 1년마다 작성한다.

(7) 비교정보

한국채택국제회계기준이 달리 허용하거나 요구하는 경우를 제외하고는 당기 재무제표에 보고되는 모든 금액에 대해 전기 비교정보를 공시한다. 당기 재무제표를 이해하는 데 목적적합하다면 서술형 정보의 경우에도 비교정보를 포함한다.

(8) 표시의 계속성

재무제표 항목의 표시와 분류는 다음의 경우를 제외하고는 매기 동일하게 적용하여야 한다.

① 사업내용의 유의적인 변화나 재무제표를 검토한 결과 다른 표시나 분류방법이 더 적절한 것이 명백한 경우

② 한국채택국제회계기준에서 표시방법의 변경을 요구하는 경우

> **참고** **재무제표의 표시통화**
>
> 흔히 재무제표의 표시통화를 천 단위나 백만 단위로 표시할 때 더욱 이해가능성이 제고될 수 있다. 이러한 표시는 금액 단위를 공시하고 중요한 정보가 누락되지 않는 경우에 허용될 수 있다.

핵심 02 **재무상태표**

1. 재무상태표의 의의

재무상태표(財務狀態表)는 일정 시점의 재무상태를 나타내는 정태적 보고서로서 기업이 소유하는 경제적 자원인 자산, 경제적 의무인 부채 및 소유주의 지분인 자본에 관한 정보를 제공한다.

① 기업의 유동성

② 재무적 탄력성

③ 수익성과 위험 등의 유용한 정보를 제공한다.

2. 유동과 비유동의 구분

유동성 순서에 따른 표시방법이 신뢰성 있고 더욱 목적적합한 정보를 제공하는 경우를 제외하고는 유동자산과 비유동자산, 유동부채와 비유동부채로 재무상태표에 구분하여 표시하고, 표시되어야 할 항목의 순서나 형식을 규정하지 아니한다. 다만, 유동성 순서에 따른 표시방법을 적용할 경우 모든 자산과 부채는 유동성의 순서에 따라 표시한다.

(1) 유동성과 비유동성 구분법(2분법) - 원칙

유동성 순서에 따른 표시방법이 신뢰성 있고 더욱 목적적합한 정보를 제공하는 경우를 제외하고는 유동자산과 비유동자산, 유동부채와 비유동부채로 구분하여 표시한다. 다만, 유동·비유동으로 표시할 경우 비유동을 먼저 배열하고 유동을 나중에 배열하더라도 형식에는 규정이 없다.

(2) 유동성순서 - 예외

유동성 순서에 따른 표시방법을 적용할 경우 모든 자산과 부채는 유동성의 순서에 따라 표시한다(유동과 비유동으로 구분하지 않고 유동성이 큰 순서대로 표시하는 방법).

(3) 혼합표시방법

신뢰성 있고 더욱 목적적합한 정보를 제공한다면 자산과 부채의 일부는 유동·비유동 구분법으로, 나머지는 유동성 순서에 따른 표시방법으로 표시하는 것이 허용된다.

핵심 03 포괄손익계산서

1. 포괄손익계산서의 의의

(1) 의의

포괄손익계산서(包括損益計算書, Statement of Comprehensive Income)는 일정 기간 동안 기업의 경영성과에 대한 정보를 제공하는 재무보고서이다.

① 회계기간의 경영성과를 파악한다.

② 기업의 미래현금흐름을 예측하는 데 유용한 정보를 제공한다.

③ 모든 수익과 비용 항목은 한국채택국제회계기준이 달리 정하지 않는 한 당기손익으로 인식한다.

(2) 작성방법

포괄손익계산서는 다음 중 한 가지 방법으로 작성한다.

① **단일 포괄손익계산서**

② **두 개의 보고서**

　㉠ **별개의 손익계산서**: 당기순손익의 구성요소를 표시하는 보고서

　㉡ **포괄손익계산서**: 당기순손익부터 기타포괄손익의 구성요소까지 표시하는 보고서

2. 포괄손익계산서에 표시되지 않는 정보

① 수익과 비용의 어느 항목도 당기손익과 기타포괄손익을 표시하는 보고서 또는 주석에 특별손익 항목으로 표시할 수 없다.
② 성격별 손익계산서에는 매출원가를 표시하지 않는다.

> 다만, 기업의 경영성과를 이해하는 데 목적적합한 경우에는 포괄손익계산서와 별개의 손익계산서 (표시되는 경우)에 항목, 제목 및 중간합계를 추가하여 표시한다.

3. 수익의 분류

한국채택국제회계기준에서는 포괄손익계산서에 수익을 표시할 때에는 수익(매출액)과 기타수익으로 구분하여 표시하도록 규정하고 있다.

4. 비용의 분류

한국채택국제회계기준에서는 비용을 포괄손익계산서에 성격별로 구분하여 표시할 것인지, 기능별로 구분하여 표시할 것인지를 선택할 수 있도록 규정하고 있다. 기업은 비용의 성격별 또는 기능별 분류방법 중에서 신뢰성 있고 더욱 목적적합한 정보를 제공할 수 있는 방법을 적용하여 당기손익으로 인식한 비용의 분석내용을 표시한다.

(1) 성격별 표시방법

당기손익에 포함된 비용은 그 성격(예 감가상각비, 원재료의 구입, 운송비, 종업원급여와 광고비 등)별로 통합하며, 기능별로 재배분하지 않는다. 비용을 기능별 분류로 배분할 필요가 없으므로 적용이 간단할 수 있고 정보이용자의 미래현금흐름을 예측하는 데 유용한 정보를 제공한다.

(2) 기능별 표시방법

기능별 분류법은 '매출원가법'이라고도 하며, 이 방법에서는 적어도 매출원가를 다른 비용과 분리하여 공시한다. 비용을 기능별로 배분하는 데 자의적인 배분과 상당한 정도의 판단이 개입될 수 있다. 또한 비용을 기능별로 분류하는 기업은 감가상각비, 기타 상각비와 종업원급여비용을 포함하여 비용의 성격에 대한 추가 정보를 공시한다.

5. 당기순손익

한 기간에 인식되는 모든 수익과 비용 항목은 한국채택국제회계기준이 달리 정하지 않는 한 당기손익으로 인식한다.

6. **기타포괄손익**

기타포괄손익의 항목은 관련 법인세비용을 차감한 순액으로 표시하거나, 법인세비용차감전 금액으로 표시할 수 있다.

① 재평가잉여금의 변동

② 확정급여제도의 재측정요소

③ **FVOCI 금융자산의 평가손익**

    ㉠ 지분투자상품(주식) ⇨ 재분류 대상이 아님

    ㉡ 채무투자상품(사채) ⇨ 재분류 대상임

④ 해외사업장의 재무제표 환산으로 인한 손익

⑤ 파생상품 평가손익(효과적인 부분)

현금흐름표

1. 현금흐름표의 의의

(1) 의의

현금흐름표(Statement of Cash Flows)는 한 일정 기간의 현금흐름을 표시하는 보고서로서 기업의 현금(현금및현금성자산)이 기초에 비하여 증가 또는 감소한 원인을 영업활동, 투자활동, 재무활동으로 구분하여 현금이 어떤 원인에 의하여 조달되고 사용되었는가를 분명하게 표시하는 재무제표이며, 현금 사용을 수반하지 않는 비현금거래는 제외한다.

(2) 현금흐름표의 유용성

① 미래순현금흐름의 창출능력의 평가에 관한 정보

② 부채상환 능력, 배당금지급 능력, 외부자금조달의 필요성 등의 평가에 관한 정보

③ 기업의 순이익의 질에 관한 정보

④ 투자 및 재무활동의 성과에 관한 정보

2. 현금흐름표의 주요사항

(1) 영업활동의 구분

① 모든 수익·모든 비용

② 자산·부채로서 다음은 영업활동으로 구분한다.

재고자산, 매출채권, 매입채무, 선급금, 선수금, 미수수익, 미지급비용, 선급비용, 선수수익, 이연법인세자산(부채), 충당부채, FVPL 금융자산 등

(2) 영업활동 관련 주의사항

미수금	(자산)투자활동이다.
미지급금	(부채)재무활동이다.
FVPL 금융자산	(자산)영업활동이다.
이자수익 배당금수익	영업활동으로 분류하고, 투자활동으로도 분류가 가능하다.
이자비용	영업활동으로 분류하고, 재무활동으로도 분류가 가능하다.
배당금지급 (미지급배당금)	재무활동으로 분류하고, 영업활동으로도 분류가 가능하다.
법인세비용	영업활동으로 분류 ① 투자활동에 기인한 법인세는 투자활동으로도 분류가 가능하다. ② 재무활동에 기인한 법인세는 재무활동으로도 분류가 가능하다.

3. 영업활동으로 인한 현금흐름의 계산

(1) 직접법

영업활동에 의한 현금흐름의 표시를 총현금유입과 총현금유출을 주요 항목별로 구분하여 표시하는 방법을 말한다. 한국채택국제회계기준에서는 영업활동 현금흐름을 보고하는 경우 직접법을 사용할 것을 권장한다. 직접법을 사용하여 표시한 현금흐름은 간접법에 의한 현금흐름에서는 파악할 수 없는 정보를 제공하며, 미래현금흐름을 추정하는 데 보다 유용한 정보를 제공한다.

(2) 간접법

포괄손익계산서의 법인세차감전순이익(당기순이익)에서 현금의 수입과 지출이 없는 수익과 비용을 가감하고, 영업활동과 관련된 자산·부채항목을 가감하여 영업활동에 의한 현금흐름액을 계산하는 방법이다.

- 당기순이익(순손실)
- **현금의 유출이 없는 비용 등의 가산**
  - 감가상각비, 무형자산상각비, 사채할인발행차금상각액
  - ~평가손실, ~처분손실, 상환손실, 재해손실, 손상차손 등
- **현금의 유입이 없는 수익 등의 차감**
  - 사채할증발행차금상각(환입)액
  - ~평가이익, ~처분이익, ~상환이익, 보험차익 등
- **영업활동으로 인한 자산·부채 변동액의 가감**

  - 자산의 증가액과 부채의 감소액 ⇨ 차감
  - 자산의 감소액과 부채의 증가액 ⇨ 가산

  - 재고자산, 매출채권, 매입채무, 선급금, 선수금 등의 증감
  - 선급비용, 선수수익, 미지급비용, 미수수익 등의 증감
  - 충당부채, 이연법인세자산(부채) 등의 증감

핵심 05 자본변동표

자본변동표는 일정 시점의 자본의 크기와 일정 기간의 자본의 변동에 관한 정보를 나타
내는 재무제표이다. 즉, 자본변동표에는 납입자본, 이익잉여금, 기타자본요소의 각 항목
별로 기초잔액, 당기 변동사항, 기말잔액을 기록한다. 또한 손익거래에서 발생한 기타포
괄손익누계액의 변동도 기록한다.

핵심 06 주석

1. 주석의 의의

주석은 재무제표에 표시된 내용을 설명하거나 재무제표에 표시되지 않은 정보를 제
공한다.
① 재무제표 작성근거와 구체적인 회계정책에 대한 정보
② 한국채택국제회계기준에서 요구하는 정보이지만 재무제표 어느 곳에도 표시되지
   않는 정보
③ 재무제표 어느 곳에도 표시되지 않지만 재무제표를 이해하는 데 목적적합한 정보

2. 주석의 표시방법

주석은 실무적으로 적용 가능한 체계적인 방법으로 표시한다. 주석의 표시순서는 다음과 같다.

① 한국채택국제회계기준을 준수하였다는 사실
② 적용한 유의적인 회계정책의 요약 등

빈칸 채우기로 CHAPTER 마무리

❶ 경영진은 재무제표를 작성할 때 계속기업으로서의 존속가능성을 평가해야 한다. 청산이나 중단할 의도가 없으면 (   )을 전제로 재무제표를 작성한다.

❷ 기업은 현금흐름 정보를 제외하고는 (   ) 회계를 사용하여 재무제표를 작성한다.

❸ 유사한 항목은 중요성 분류에 따라 재무제표에 구분하여 표시한다. 상이한 성격이나 기능을 가진 항목은 (   )하여 표시한다. 다만, 중요하지 않은 항목은 성격이나 기능이 유사한 항목과 (   )하여 표시할 수 있다.

❹ 한국채택국제회계기준에서 요구하거나 허용하지 않는 한, 자산과 부채 그리고 수익과 비용은 (   )하지 아니한다.

❺ 보고빈도: 전체 재무제표(비교정보 포함)는 적어도 (   )마다 작성한다.

❻ 한국채택국제회계기준이 달리 허용하거나 요구하는 경우를 제외하고는 당기 재무제표에 보고되는 모든 금액에 대해 전기 (   )를 공시한다.

❼ 표시의 계속성: 재무제표 항목의 표시와 분류는 매기 동일하여야 한다. 다만, 항목의 표시와 분류를 변경하는 경우 (   )에 해당한다.

❽ 영업활동 현금흐름의 표시는 직접법 또는 간접법으로 한다. 기업이 선택하여 적용할 수 있으나 영업활동 현금흐름을 보고하는 경우에는 (   )을 사용할 것을 권장한다.

❾ 이자와 배당금의 수취 및 지급에 따른 현금흐름은 각각 별도로 공시한다. 금융회사의 경우 이자비용, 이자수익 및 배당금수익은 일반적으로 (   ) 현금흐름으로 분류한다.

❿ 법인세로 인한 현금흐름은 별도로 공시하며, 재무활동과 투자활동에 명백히 관련되지 않는 한 (   ) 현금흐름으로 분류한다.

정답
① 계속기업   ② 발생기준   ③ 구분 / 통합   ④ 상계   ⑤ 1년   ⑥ 비교정보   ⑦ 정책변경   ⑧ 직접법
⑨ 영업활동   ⑩ 영업활동

⑪ 배당금지급은 일반적으로 재무활동이지만 (   )으로도 분류 가능하다.

⑫ 재무제표의 목적은 보고기업에 유입될 (   )에 대한 전망과 보고기업의 (   )에
대한 경영진의 (   )을 평가하는 데 유용한 보고기업의 자산, 부채, 자본, 수익 및 비용에
대한 재무정보를 재무제표이용자들에게 제공하는 것이다.

⑬ 각각의 재무제표는 전체 재무제표에서 (   ) 비중으로 표시하고 해당 기간에 인식한 모든
수익과 비용 항목은 (   )나 (   ) 중 한 가지 방법으로 표시한다.

⑭ 재무제표가 한국채택국제회계기준의 요구사항을 모두 (   )한 경우가 아니라면 한국채택국
제회계기준을 (   )하여 작성되었다고 기재하여서는 아니 된다.

⑮ 부적절한 회계정책은 이에 대하여 (   )나 (   ) 또는 보충 자료를 통해 설명하
더라도 정당화될 수 없다.

⑯ 재무제표의 표시통화를 (   )나 (   )로 표시할 때 더욱 (   )이 제
고될 수 있다. 이러한 표시는 금액 단위를 공시하고 중요한 정보가 누락되지 않는 경우에 허용될 수 있다.

⑰ 수익과 비용의 어느 항목도 당기손익과 기타포괄손익을 표시하는 보고서 또는 주석에 (   )
항목으로 표시할 수 없다.

⑱ 기타포괄손익의 항목은 관련 법인세비용을 차감한 (   )으로 표시하거나, (   )
차감전 금액으로 표시할 수 있다.

정답

⑪ 영업활동   ⑫ 미래순현금흐름 / 경제적 자원 / 수탁책임   ⑬ 동등한 / 단일 포괄손익계산서 / 두 개의 보고서
⑭ 충족 / 준수   ⑮ 공시 / 주석   ⑯ 천 단위 / 백만 단위 / 이해가능성   ⑰ 특별손익   ⑱ 순액 / 법인세비용

▶ **연계학습** | 에듀윌 기본서 1차 [회계원리 上] p.578　　　　　　회독체크 1 2 3

CHAPTER 미리보기

01 안정성비율 ★★★　　　　　　　03 활동성비율 ★★★
02 수익성비율 ★★★

핵심 01　**안정성비율 ★★★**

안정성비율은 부채상환능력을 나타내는 유동성비율(Liquidity Ratio)과 장기지급능력을 평가할 수 있는 안정성비율(레버리지비율, Leverage Ratio)을 포함한다.

1. 유동비율(Current Ratio)과 당좌비율(Quick Ratio)

(1) 유동비율

유동부채를 상환하기 위하여 기업이 유동자산을 어느 정도 확보하고 있는지를 분석하는 지표이며, 재무적인 안전성을 측정하는데 보통 200%를 안정적인 것으로 본다.

(2) 당좌비율

유동자산 속에는 재고자산과 같이 단기간 내에 즉시 현금화되기 어려운 자산도 포함되므로 이들을 제외하고 당좌자산만으로 유동성 여부를 측정하기도 하는데 이를 당좌비율(산성비율이라고도 한다)이라 하며, 보통 100%를 안정적인 것으로 본다.

(3) 유동부채를 초과하는 유동자산을 순운전자본이라고 한다.

- 유동비율 $= \dfrac{\text{유동자산}}{\text{유동부채}} \times 100$

- 당좌비율 $= \dfrac{\text{당좌자산}}{\text{유동부채}} \times 100 = \dfrac{\text{유동자산} - \text{재고자산}}{\text{유동부채}} \times 100$

- 순운전자본 = 유동자산 − 유동부채

유동비율	100% 미만일 때	100%일 때	100% 초과일 때
동액이 증가할 때	증가	불변	감소
동액이 감소할 때	감소	불변	증가

❍ 유동부채는 불변이고, 유동자산만 증가하면 ⇨ 유동비율 증가
　유동부채는 불변이고, 유동자산만 감소하면 ⇨ 유동비율 감소
　유동자산은 불변이고, 유동부채만 증가하면 ⇨ 유동비율 감소
　유동자산은 불변이고, 유동부채만 감소하면 ⇨ 유동비율 증가

2. 부채비율(D/E Ratio)과 자기자본비율(BIS), 이자보상비율

(1) 부채비율

자기자본에 대한 부채의 비율 또는 총자산에서 부채가 차지하는 비율 등으로서, 재무구조상의 안정성을 측정한다. 부채비율이 높을수록 기업의 타인자본 의존도가 높다는 것을 의미하며, 그만큼 재무구조가 부실하다는 것을 나타낸다.

(2) 자기자본비율

기업의 총자산 중 자기자본이 차지하는 비율로서, 비율이 높을수록 기업의 재무구조는 안정적이다.

(3) 이자보상비율

기업의 채무상환능력을 나타내는 지표로서, 기업이 얼마를 벌어 이 중 얼마 가량을 이자비용으로 쓰고 있는지를 나타낸다. 즉, 기업의 영업이익을 이자비용으로 나눠서 구한다. 이때 이자보상배율이 1배라면 영업으로 벌어들인 돈으로 이자비용을 내면 영업이익이 없다는 뜻이 된다.

$$\text{• 부채비율} = \frac{\text{부채}}{\text{자기자본}} \times 100$$

$$\text{• 자기자본비율} = \frac{\text{자기자본}}{\text{총자산}} \times 100$$

$$\text{• 부채구성비율} = \frac{\text{부채}}{\text{총자산}} \times 100$$

$$\text{• 이자보상비율} = \frac{\text{영업이익}}{\text{이자비용}} \times 100$$

핵심 02　**수익성비율** ★★★

일정한 기간에 있어서 기업의 영업성과인 당기순이익을 분석하는 지표로 수익성비율을 산정하는 데 사용하는 자산과 자본은 기초와 기말잔액의 평균치가 된다. 수익성비율로는 매출액순이익률, 총자산순이익률, 자기자본순이익률 등이 있다.

- 매출액순이익률 = $\dfrac{\text{당기순이익}}{\text{순매출액}} \times 100$

- 총자산순이익률(ROI) = $\dfrac{\text{당기순이익}}{\text{평균총자산}} \times 100$

- 자기자본순이익률 = $\dfrac{\text{당기순이익}}{\text{평균자기자본}} \times 100$

- 주가수익률(PER) = $\dfrac{\text{주당시가}}{\text{주당순이익(EPS)}} \times 100$

- 주당순이익(EPS) = $\dfrac{\text{당기순이익} - \text{우선주배당금}}{\text{가중평균 보통주식수}} \times 100$

핵심 03   활동성비율 ★★★

활동성비율은 자산의 회전율 또는 회전(회수)기간을 통해 기업이 보유하는 자산이 영업활동 과정에서 얼마만큼 빨리 순환되고 있는지를 나타내는 지표이다. 보통 재고자산과 매출채권의 회전율 또는 회전(회수)기간을 통해 측정한다. 일반적으로 회전기간은 회전율의 역수가 되는데 회전율이 높다는 것은 회전기간이 짧다는 의미가 되며 자산의 순환주기가 그만큼 짧다는 것이므로 기업의 영업활동이 보다 활발하게 이루어짐을 나타내는 것이다.

- 매출채권회전율 = $\dfrac{\text{매출액}}{\text{평균매출채권}}$

- 매출채권회전주기 = $\dfrac{365\text{일}}{\text{매출채권회전율}}$

- 재고자산회전율 = $\dfrac{\text{매출원가}}{\text{평균재고자산}}$

- 재고자산회전주기 = $\dfrac{365\text{일}}{\text{재고자산회전율}}$

- 총자산회전율 = $\dfrac{\text{매출액}}{\text{평균총자산}}$

- 자기자본회전율 = $\dfrac{\text{매출액}}{\text{평균자기자본}}$

PART 2

원가·
관리회계

최근 5개년 평균 출제비율

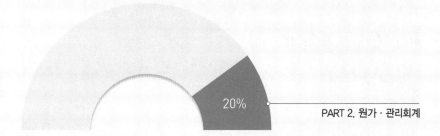

20%

PART 2. 원가 · 관리회계

최근 5개년 CHAPTER별 평균 출제비율 & 빈출 키워드

CHAPTER	출제비율	빈출 키워드
01. 원가의 기초	2%	원가의 기초개념, 원가의 흐름
02. 원가의 배분	2.5%	부문별 원가계산, 제조간접비의 배부, 활동기준원가계산
04. 종합원가계산	3%	종합원가계산의 개념, 결합(연산품, 등급별)원가계산
05. 전부원가계산과 변동원가계산	2%	전부원가계산과 변동원가계산
06. 표준원가계산	2.5%	표준원가계산
07. 원가추정(원가행태)	1.5%	고저점법
08. C · V · P분석(손익분기점)	3%	손익분기점 매출액 · 매출수량, 공헌이익(률)
09. 단기 의사결정	3.5%	의사결정

※ 일부 CHAPTER는 생략되었음

PART 2 | 합격전략

원가 · 관리회계는 대체로 원가회계보다 관리회계 부분에서 더 많이 출제되고 있습니다. 이번 제27회 시험을 분석해 보면, 원가회계 3문항, 관리회계 5문항이 출제되어 지난 시험과 비슷하게 출제되었습니다. 회차가 거듭될수록 수준 높은 문제가 출제되어 수험생들이 어려움을 겪고 있습니다. 원가회계는 아주 기초가 되는 과정으로 충분히 이해하고 있어야 하며, 관리회계 부분인 표준원가, 변동원가, 손익분기점, 의사결정 등은 꽤 높은 수준입니다. 여러분이 준비하는 제28회 시험에서도 어려운 문제가 출제될 것입니다. 원가의 기초 부분을 충

01 원가의 기초

▶ **연계학습** | 에듀윌 기본서 1차 [회계원리 下] p.6

회독체크 1 2 3

CHAPTER 미리보기

01 원가의 기초개념
02 원가의 흐름 ★★★

핵심 01 원가의 기초개념

1. 원가의 의의

원가는 재화와 용역을 얻기 위하여 희생된 경제적 가치의 소비액을 의미한다. 즉, 제품을 제조하기 위하여 소비된 경제적 가치를 화폐액으로 표시한 것으로서, 경제적 가치가 있어야 하고, 제품제조와 관련하여 소비된 것이어야 한다.

2. 원가와 비용의 관계

원가와 비용은 대부분 관련성이 있으며, 회계상 비용은 대부분 원가의 성격에 해당된다고 볼 수 있다. 그러나 회계상의 비용과 제품원가계산상의 원가는 개념적으로 일치하지 않을 수도 있는데, 이러한 것에 해당되는 것이 바로 중성비용과 부가원가이다.

① **중성비용**: 중성비용은 비용에 해당하지만 원가의 개념에는 해당하지 않는 것으로 예를 들면, 이자비용 등 기부금, 금융자산평가손실, 재고자산평가손실, 원가성이 없는 재고자산감모손실 등이 있다.

② **부가원가**: 부가원가는 원가의 개념에는 해당하지만 포괄손익계산서상 비용으로는 계상될 수 없는 것으로 예를 들면, 자기자본에 대한 이자비용, 장부상 상각완료된 유형자산에 대한 감가상각비, 자본주의 인건비 등이 있다.

▶ **원가와 비용·손실의 관계**

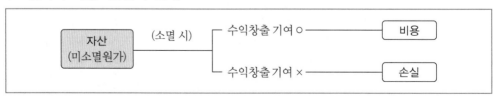

3. 원가의 분류

(1) 형태별 분류

원가의 구성요소(발생형태)에 따라 분류한 것으로 원가의 3요소라고도 한다.

① **재료비**: 제품의 제조를 위하여 소비되는 물품의 원가를 재료비(재료원가) 또는 원료라고 한다.

② **노무비**: 제품의 제조를 위하여 소비되는 노동의 가치를 노무비(노무원가)라 한다.

③ **제조경비**: 재료비, 노무비 이외의 가치로서 계속적으로 제조에 소비되는 것을 제조경비(기타원가)라 한다.

▶ **재료비·노무비·제조경비의 분류**

원가요소	분류	내용
재료비	주요재료	제품의 중요한 구성요소가 되는 재료 및 원료의 소비액
	매입부품	외부에서 매입하여 그대로 제품을 구성하는 부분품의 소비액
	연료비	석유·휘발유 등 연료로 사용된 소비액
	소모공구기구비품	내용연수 1년 미만인 소모·공구·기구 및 비품의 소비액
노무비	임금	생산직 공원의 노동에 대한 대가로서 지급하는 것
	급료	사무원의 월급
	잡급	임시 고용인에게 지급하는 보수
	종업원상여수당 (제수당)	종업원에 대한 상여 및 가족수당, 주택수당 등
제조경비	월할경비	매월 지급되어 월할 계상되는 경비(보험료·임차료·감가상각비 등)
	측정경비	계량기 측정에 의하여 발생하는 경비(전력비·수도료·가스료 등)
	지급경비	지급함으로써 발생하는 경비(보관료·수선비·운반비 등)
	발생경비	장부액과 실제액의 차이로 발생한 경비(재료감모손실 등)

(2) 제품과의 관련성에 따른 분류(추적가능성)

① **직접원가(비)**: 특정 제품에 직접 부과시킬 수 있는 원가로서 기초원가 또는 기본원가라고도 하며, 원가대상별로 금액을 추적할 수 있는 항목을 말한다.

② **간접원가(비)**: 간접원가라고도 하며, 전체의 제품 또는 다수의 제품에 공통적으로 또는 간접적으로 소비되는 원가요소를 말한다. 발생된 원가를 특정 제품별로 부담시키기 위하여 인위적으로 적절한 배분이 필요한데 이를 원가배분이라 한다.

원가요소	재료원가	노무원가	제조경비
직접비	직접재료비	직접노무비	직접제조경비
간접비	간접재료비	간접노무비	간접제조경비

(3) 원가행태 또는 조업도에 따른 분류

원가행태는 조업도의 변동에 따른 원가의 변동을 말한다.

조업도는 생산설비가 일정한 경우에 그 설비의 이용 정도를 뜻하는데 총생산량, 총 매출수량, 총고객수, 총직접작업시간 등이 측정치로 사용된다.

① **변동비**: 조업도의 변동에 따라 비례적으로 변동하는 원가를 변동비라 한다. 따라서 조업도 측정단위당 원가는 일정하다.

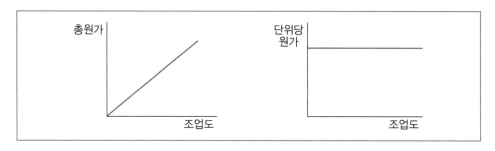

② **고정비**: 일정 기간 동안 조업도의 변동에도 불구하고 변동하지 않는 원가를 고정비라 한다. 하지만 단위당 원가는 조업도에 반비례한다.

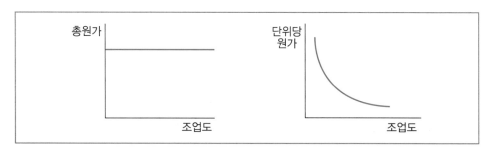

▶ 생산수량의 관계에 의한 분류

구분	의의		분류	예
변동비	생산수량 변동에 따라 소비액이 변동하는 원가요소	비례비	생산수량의 증감에 비례하여 증감하는 것	직접재료, 직접임금
		체감비	생산수량의 증감에 따라 증감하나 체감하는 비용	동력비, 연료비
		체증비	생산수량의 증감에 따라 증감하나 체증하는 비용	특별감가상각비, 근무 외 작업수당
고정비	생산량의 증감에 따라 변동하지 않고, 소비액이 일정한 원가요소			보험료, 임차료 등

▶ 변동비와 고정비의 관계

조업도 증가 시	변동비	고정비
제품 총원가	비례적으로 증가	관련범위 내에서 일정
제품 단위당 원가	일정	증감

▶ 고정원가와 변동원가를 합한 총원가의 형태

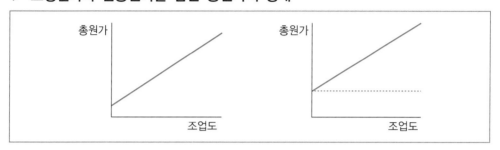

③ **준변동비**: 혼합원가라고도 하는 준변동비는 변동비와 고정비의 두 가지 요소를
모두 가지고 있는 원가를 말한다. 조업도 수준이 영(0)이면 고정비와 같이 일정한
값을 갖고, 조업도 수준이 증가하면 변동비와 같이 증가한다(예 전기료, 수선유지
비, 판매직원의 판매수당).

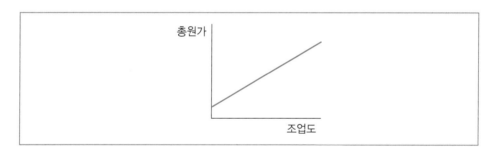

④ **준고정비**: 계단형 원가라고도 하는 준고정비는 일정한 조업도의 범위 내에서는
고정적이지만, 조업도의 범위가 달라지면 그 원가도 계단형으로 달라지는 원가
를 말한다. 이는 보통 투입되는 생산요소가 불가분성을 갖기 때문에 발생한다(예
생산감독자의 급료).

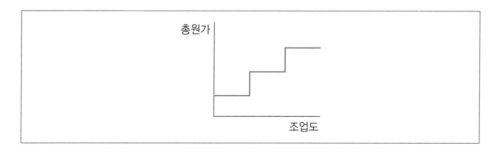

(4) 의사결정에 따른 분류

① **미래원가**: 미래에 발생되리라 기대되는 원가로서 역사적 원가에 대립되는 개념이다.

② **기회원가**: 선택 가능한 대체안 중에서 한 대체안을 택하고 다른 대체안을 단념할 경우 그 단념된 대체안에서 상실하게 될 순현금유입액이다.

③ **매몰원가**: 특정 의사결정으로 말미암아 과거에 투하된 자금의 전부 내지 일부를 회수할 수 없게 된 원가를 말한다. 매몰원가는 역사적 원가라고도 하며, 차액원가와 대립되는 개념으로서 어느 대체안을 택하더라도 변화하지 않는 과거원가이므로 의사결정에 있어서 비관련원가이다.

④ **회피가능원가**: 경영목적의 수행에 절대로 필요한 것이 아닌 원가로서 경영관리자의 의사결정에 따라 피할 수도 있는 원가를 말한다.

⑤ **현금지출원가**: 경영자의 경영의사결정에 따라 곧 또는 가까운 시일 내에 현금지출이 수반되는 원가이다.

⑥ **차액원가**: 두 개의 상이한 조업도 간에 나타나는 총원가의 차액을 차액원가라 한다. 즉, 특정 의사결정에 따른 대안별로 관련원가를 열거하고, 각 항목별로 구한 차액(또는 항목별 차액의 합계액)을 말한다. 흔히 차액원가를 단위개념이 아니라 총량개념으로 한 한계원가로 파악하고 변동비를 의미하는 증분원가라고도 하지만 고정비도 차액원가를 구성하는 경우도 있다.

⑦ **관련원가**: 의사결정에 따라 변동하는 원가로서 관련원가가 되기 위해서는 미래원가이어야 하고 차액원가이어야 한다.

4. 원가의 구성

제품제조원가는 제조직접비와 제조간접비의 합계로 이루어지지만, 그중 제품제조에 직접적으로 관련하여 발생하는 직접비만을 기본원가(Prime Cost) 또는 기초원가라고 한다. 이러한 직접비에는 직접재료비, 직접노무비, 직접제조경비가 있을 수 있는데, 경비는 그 성격상 대부분이 간접비에 해당되는 경우가 많다. 한편, 가공비(Conversion Cost)는 전환원가라고도 하며, 직접노무비와 제조간접비를 더한 것으로서, 결국은 제조원가 중 직접재료비만을 제외하고는 모두 가공원가(加工原價)에 해당한다고 보면 된다.

▶ **원가의 구성도**

			판매이익	
		물류비와 관리비	총원가 (판매원가)	판매가격
	제조간접비	제조원가		
직접재료비	직접원가 (제조직접비)			
직접노무비				
직접제조경비				

○ 가공원가(전환원가) = 직접노무비 + 제조간접비 = 제조원가 − 직접재료비

핵심 02 **원가의 흐름** ★★★

1. 원가흐름의 의의

원가의 흐름이란 제품의 원가(직접재료원가, 직접노무원가, 제조간접원가)를 산출하는 과정에서부터 완성품제조원가를 산출하고, 이를 판매하여 수익이 실현되는 과정까지를 계정으로 표시한 것이다.

▶ **원가흐름의 과정**

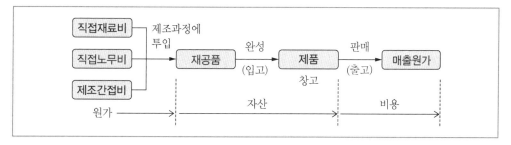

2. 원가 관련 계정의 흐름

(1) 재료비계정

재료계정은 원가요소계정으로서 자산계정이다. 재료 구입 시에는 재료계정의 차변에 기입하며, 소비(출고) 시에는 재료계정의 대변에 기입함과 동시에 재료비계정에 대체하여 직접재료비는 재공품계정에 대체시키고 간접재료비는 제조간접비계정의 차변에 대체시키게 된다.

| 재료구입 시 | (차)재　　　　　　료　×××　(대)외 상 매 입 금　×××　 |
| 재료소비 시 | (차)재　　공　　품　×××　(대)재 료 (재 료 비)　×××
　　　제 조 간 접 비　××× |

기초재고액 + 당월매입액 − 기말재고액 = 당월소비액

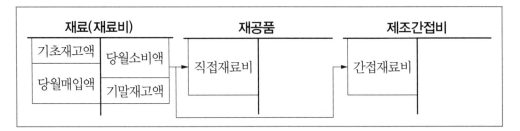

(2) 노무비계정

노무비계정은 제품제조를 위해 발생된 일체의 인건비를 기록하는 집합계정이다. 제품제조를 위해 사용된 노동력에 대해서는 임금, 급료, 수당, 잡급, 퇴직금 등 여러가지 형태로 그 대가가 지급될 수 있다.

| 임금지급 시 | (차)임　　　　　　금　×××　(대)현　　　　　　금　×××　 |
| 임금소비 시 | (차)재　　공　　품　×××　(대)임 금 (노 무 비)　×××
　　　제 조 간 접 비　××× |

당월지급액 + 당월미지급액 − 전월미지급액 = 노무비소비액

(3) 제조경비계정

제조경비는 재료비, 노무비 이외에 제품제조를 위해 소요된 모든 원가를 총칭하는 개념으로서 시설설비 등에 대한 감가상각비, 화재보험료, 임차료 등과 수선유지비, 세금과공과, 전력비 등이 이에 해당한다. 대부분의 제조경비는 간접경비이며, 특허권사용료·외주가공비 등은 직접경비로 구분한다.

| 제조경비지급
(발생) 시 | (차)제조경비(전력비 등)　×××　(대)현　　　　　　금　×××　 |
| 제조경비소비
(대체) 시 | (차)제 조 간 접 비　×××　(대)제조경비(전력비 등)　×××
　　　물 류 비 와 관 리 비　××× |

당월지급액 + 당월미지급액 − 당월선급액 − 전월미지급액 + 전월선급액 = 당월소비액

(4) 제조간접비계정

제조간접비는 여러 제품을 생산하기 위해 공통적으로 발생된 원가를 말한다. 이와
같은 간접비는 개별 제품별로 직접원가를 대응시킬 수가 없으므로 제조간접비라는
집합계정을 설정하여 처리한다. 제조간접비에는 간접재료비, 간접노무비, 간접경비
등이 있으며, 이는 일정한 배부기준에 따라 각 제품별로 배부하게 된다.

(차) 재　　공　　품	×××	(대) 제　조　간　접　비	×××

(5) 재공품계정

재공품계정은 특정 제품의 제조를 위하여 발생된 모든 원가를 집계하는 집합계정으
로서 생산된 제품의 제조원가를 계산하는 계정이다. 재공품계정에서 계산된 제조원
가는 제품계정으로 대체된다.

(차) 제　　　　품	×××	(대) 재　　공　　품	×××

당월제품제조원가 = 기초재공품재고액 + 당기총제조비용(원가) − 기말재공품재고액

(6) 제품계정

제품계정은 제조과정이 완료된 완성품을 기록하는 계정이며, 완성된 제품은 재공품
계정의 대변으로부터 제품계정의 차변으로 대체된다. 따라서 제품계정의 차변금액(기
초재고액 + 당기제품제조원가)은 당기 중의 판매 가능한 원가를 나타내며 제품이 판매
되면 제품계정의 대변에서 매출원가계정으로 대체시키게 된다.

(차) 매　출　원　가	×××	(대) 제　　　　품	×××

매출원가 = 월초제품재고액 + 당월제품제조원가 − 월말제품재고액

CHAPTER 미리보기

01 제조간접비의 배부 ★★★   03 활동기준원가계산
02 부문별 원가계산 ★★☆

핵심 01   **제조간접비의 배부** ★★★

1. 의의

제조간접비는 여러 제품에 공통적으로 소비된 원가로서 각 제품에 직접 부과할 수
없는 것이다. 따라서 제조간접비는 월말에 전체발생액을 집계하고, 적당한 배부기준
에 의하여 각 제품(재공품계정)에 배부하여야 한다.

2. 제조간접비의 배부

제조간접비의 각 제품에의 배부는 무엇을 배부기준으로 할 것인가에 따라 다음과 같
이 구분한다. 배부율 산정의 범위에 따라서는 총괄배부율과 부문별배부율로, 배부기
준의 측정단위에 따라서는 금액기준, 시간기준, 수량기준으로, 계산의 시점에 따라
서는 실제배부율 또는 예정배부율로 구분할 수 있다.

(1) 제조간접비의 실제배부법

원가계산 말에 실제로 발생한 제조간접비를 일정한 기준에 의하여 각 제품에 배부하
는 방법으로 다음과 같은 3가지가 있다.

① **가액법**: 금액을 기준으로 제조간접비를 배부하는 방식이다.

　⊙ **직접재료비법**: 개별 제품에서 발생한 직접재료비를 기준으로 배부하는 방법
이다.

> • 제조간접비배부율 $= \dfrac{\text{제조간접비총액}}{\text{동 기간의 직접재료비총액}}$
>
> • 제조간접비배부액 = 특정 제품의 직접재료비 × 제조간접비배부율

   ⓛ **직접노무비법**: 개별 제품에서 발생한 직접노무비를 기준으로 배부하는 방법이다.

     • 제조간접비배부율 = $\dfrac{\text{제조간접비총액}}{\text{동 기간의 직접노무비총액}}$

     • 제조간접비배부액 = 특정 제품의 직접노무비 × 제조간접비배부율

   ⓒ **직접원가법**: 각 제품에서 발생한 직접원가를 기준으로 배부하는 방법이다.

     • 제조간접비배부율 = $\dfrac{\text{제조간접비총액}}{\text{동 기간의 직접원가총액}}$

     • 제조간접비배부액 = 특정 제품의 직접원가 × 제조간접비배부율

② **시간법**: 각 제품제조에 소비된 시간을 기준으로 각 제품에 제조간접비를 배부하는 방법으로서, 배부기준 시간의 설정에 따라 다음과 같은 방법이 있다.

> ┌ 직접작업(노동)시간배부법
> └ 기계시간배부법 ┌ 단순기계시간법
>   └ 과학적 기계시간법

   ㉠ **직접작업**(노동)**시간법**: 각 제품의 생산에 투입된 직접노동시간을 기준으로 배부하는 방법이다.

     • 제조간접비배부율 = $\dfrac{\text{제조간접비총액}}{\text{동 기간의 직접노동총시간수}}$

     • 제조간접비배부액 = 특정 제품의 직접노동시간 × 제조간접비배부율

   ⓛ **기계작업시간법**: 각 제품의 생산에 투입된 기계작업시간을 기준으로 배부하는 방법이다.

     • 제조간접비배부율 = $\dfrac{\text{제조간접비총액}}{\text{동 기간의 기계작업총시간수}}$

     • 제조간접비배부액 = 특정 제품의 기계작업시간 × 제조간접비배부율

③ **수량법**: 간접비의 배부기준으로 각 특정 제품의 개수, 중량, 면적, 용적 등의 수량을 사용하는 방법이다.

(2) 제조간접비의 예정배부법

① **예정배부의 필요성**: 제품의 제조원가를 신속히 계산하기 위해서는 예정배부가 필요하다. 직접비는 소비와 동시에 계산되지만 간접비는 원가계산 기말에만 그

금액을 계산할 수 있다. 원가계산 기간 도중에 완성된 제품의 원가를 신속히 계산하기 위해서는 필수적이다.

② **예정배부액의 계산**

    ㉠ 제조간접비 예정배부율

$$제조간접비\ 예정배부율 = \frac{1원가계산기간의\ 제조간접비\ 예정총액}{1원가계산기간의\ 배부기준의\ 예정조업도(또는\ 시간)}$$

    ㉡ 제조간접비 예정배부액

$$제조간접비예정액 = 제조간접비\ 예정배부율 \times 실제작업시간(실제조업도)$$

③ **예정배부액의 원가흐름**: 제조간접비를 예정배부하는 경우의 원가흐름은 다음과 같다.

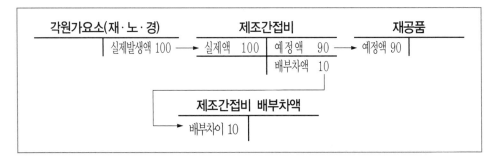

④ **제조간접비 배부차액의 처리**: 제조간접비 예정배부액과 제조간접비 실제발생액의 차액은 제조간접비배부차이계정에 대체한 후 다음과 같이 회계처리한다.

- 제조간접비 실제발생액 < 제조간접비 예정배부액 ⇨ 과대배부(유리한 차이)
- 제조간접비 실제발생액 > 제조간접비 예정배부액 ⇨ 과소배부(불리한 차이)

    ㉠ **매출원가가감법**: 배부차이를 기간원가로 보는 방법으로서, 과소배부액은 매출원가에 가산하고 과대배부액은 매출원가에서 차감한다.

    ㉡ **비례배분법**(보충률법): 배부차이를 기간원가가 아니라 제조원가로 보는 방법으로서, 배부차이를 재공품, 제품, 매출원가에 추가적으로 배분하여 실제원가를 계산하는 방법이다.

$$보충률 = \frac{제조간접비\ 배부차액}{배부기준총액(또는\ 시간)}$$

ⓒ 기타손익처리법(비정상): 배부차이를 원가성이 없는 것으로 보는 방법으로서, 과소배부액은 기타비용으로 처리하고, 과대배부액은 기타수익으로 처리하는 방법이다.

▶ 배부차액의 처리

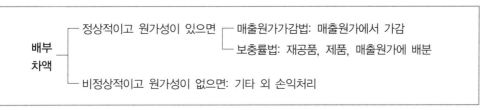

핵심 02 부문별 원가계산 ★★☆

1. 원가부문의 의의

원가를 발생한 장소별로 집계할 때 설정되는 계산단위를 말하며, 원가계산을 위해 설정하는 원가발생 장소로서 원가계산을 위한 계산상의 구분으로 원가의 중심점이 된다.

2. 원가부문의 종류

(1) 제조부문

제품을 직접 제조하는 주된 부문을 말한다.

(2) 보조부문

제품 제조활동에 직접 관여하지 아니하고 제조부문에 자기가 생산한 제품 또는 용역을 제공하는 원가부문을 말하며, 공장관리부문, 보조경영부문 등으로 구분할 수 있다.

3. 부문별 원가계산의 목적

(1) 원가계산목적

제품의 원가계산에서 제조간접비의 제품별 배부에 정확을 기할 수 있다. 즉, 총제조간접비를 일정한 기준에 의해 바로 제품에 배부하는 것보다 작업직능의 동종성에 따라 원가부문을 설정하여 각 부문별로 제조간접비 발생액과 그 부문에서 가공받은 제품과의 인과관계를 따짐으로써 보다 정확한 제품원가의 계산이 가능해진다.

(2) 원가관리목적

원가발생의 책임과 권한을 부문별로 관리함으로써 실제발생부문비와 표준(또는 예정) 발생원가와의 차이에 대하여 원인규명 및 부문관리자에게 책임을 물어 원가관리에 기여한다.

4. 부문별 원가의 집계

(1) 부문개별비와 부문공통비

① **부문개별비**: 특정 부문에서 개별적으로 발생하고 그 부문에 대하여 직접 인식할 수 있는 원가요소를 말한다. 따라서 개별비는 각 부문에 직접부과한다.

② **부문공통비**: 다수의 부문에서 공통적으로 발생하는 원가요소로서 특정 부문에 직접 부과할 수 없기 때문에 적절한 배부기준에 따라 각 원가부문에 부과한다.

(2) 부문공통비의 배부

부문공통비는 다음과 같은 배부기준에 의해 각 부문에 배부하여, 부문비배분표를 작성하게 된다.

▶ **부문공통비의 배부기준 예**

부문공통비		배부기준
건물	감가상각비	각 부문의 점유면적 또는 건물의 가액
	보험료	
	재산세	
	수선비	
	임차료	
기계장치	감가상각비	각 부문의 기계장치의 가액
	보험료	
종업원	복리후생비	각 부문의 종업원수
	간접임금	
동력비 등		각 부문의 기계마력수 × 운전시간
전기·가스·수도료 등		측정한 각 부문의 소비량 또는 측정량

5. 보조부문의 배부

보조부문비를 제조부문에 대체(배부)하는 방법에는 보조부문 상호간의 용역수수의 반영여부에 따라 다음의 세 가지로 분류한다.

(1) 직접배부법

보조부문의 원가배분에 있어서 다른 보조부문에 제공한 서비스를 전혀 고려하지 않고 제조부문에만 보조부문의 원가를 배분하는 방법이다. 각 보조부문의 원가는 각 제조부문에 제공한 서비스의 상대적 비율을 기준으로 제조부문에 직접 배분한다. 간편하지만 비합리적이다.

(2) 단계배부법

보조부문에 제공한 서비스의 일부만을 고려하는 방법이다. 보조부문 상호간의 용역수수 정도를 일부 고려하여 가장 다수의 부문에 용역을 제공하는 차례에 따라 계단처럼 배열한 후 배부하는 방법으로 배부의 순서를 정하는 것이 중요하다.

(3) 상호배부법(연립방정식법)

보조부문 상호간의 용역수수관계를 완전히 고려하여 각 보조부문비를 용역의 제공을 받은 타 보조부문과 제조부문에 배부하는 방법이다. 편의상 1~2차 배부 시에는 보조부문 상호간의 용역수수를 모두 고려하지만, 2~3차 배부 시에는 직접배부법을 채택하여 마무리하는 간편법을 채택하기도 한다.

핵심 03 **활동기준원가계산**

1. 활동기준원가계산의 의의

제품에 대한 소비자의 욕구가 다양화 됨에 따라 제품의 제조방법이 산업 초기의 대량생산방식에서 다품종 소량생산방식으로 전환되고, 그에 따른 제조간접비의 비중이 증가하게 되었다. 제조간접비의 중요성이 증가하는 제조형태에서 전통적인 원가계산방식은 제품별 단순배부기준이나 부문별 배부방식에 의한 원가배분방법으로는 제품의 제조원가가 왜곡되어 원가를 효율적으로 통제하는 것이 어렵게 되었다. 활동기준원가계산(活動基準原價計算, ABC; Activity Based Costing)은 제품을 제조하는 활동을 분석하여 제조간접비를 발생시키는 원가동인을 추적하고 제조간접비를 활동단위별로 집계하여 제품별로 배분하는 원가계산방식이다.

▶ 전통적 원가계산과 활동기준원가계산의 비교

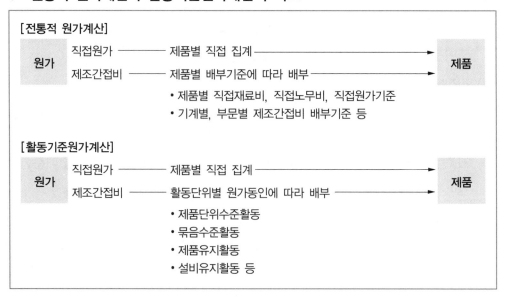

2. 활동기준원가계산의 원가동인

제품의 제조활동을 분석하여 제조간접비를 배부하기 위한 활동단위(활동중심점)를 결정하고, 활동별 제조간접비의 배부기준이 되는 원가동인을 결정한다. 원가동인은 원가의 소비형태와 원가동인과의 인과관계가 높아야 한다.

3. 활동기준원가계산의 장단점

(1) 장점

① 전통적 원가계산방법에 비하여 제품의 제조원가의 왜곡현상이 감소하여 정확한 제품제조원가의 계산이 가능하다.

② 제품별 가격 결정, 원가관리·원가의 효율적인 통제에 유용하다.

③ 공정별 성과평가기능이 향상되어 경영조직의 개선 등 경영관리에 유용하다.

(2) 단점

① 활동단위의 분석 및 활동기준원가계산제도 구축을 위한 비용부담이 증가한다.

② 활동단위 결정에 주관적인 판단이 개입될 여지가 크다.

③ 원가의 집계단위수가 증가하여 계산절차가 복잡하다.

CHAPTER

03 개별원가계산

▶ **연계학습** | 에듀윌 기본서 1차 [회계원리 下] p.73

회독체크 1 2 3

CHAPTER 미리보기

01 개별원가계산의 의의

02 개별원가계산표

핵심 01 개별원가계산의 의의

개별원가계산은 특별주문이나 개별수요에 따라 제품의 종류나 규격을 달리하는 특정의 제품을 개별적으로 생산하는 기업에서 사용하는 원가계산제도이다. 즉, 여러 종류의 제품을 개별적으로 생산(다품종 소량생산)하는 경우에 주로 사용하는 원가계산 방법이며, 건설업·조선업·기계제작업·가구제조업·영화제작업 등에서 주로 사용한다.

참고	개별원가계산이 적용되는 경우의 사례

- 조선회사가 선박을 제조하는 경우
- 병원이 환자에게 의료비를 청구하는 경우
- 인쇄소가 대학신문의 인쇄를 주문받는 경우
- 공구제조회사가 제조용 선반을 제작하는 경우
- 주물공장이 특수부품을 제작하는 경우
- 기업이 자체노동력을 이용하여 창고를 건설하는 경우
- 영화제작회사가 영화를 제작하는 경우
- 기타

개별원가계산은 제품원가를 개별 제품별로 구분하여 집계하므로 직접원가와 간접원가의 구분이 필요하다. 여기에서 직접원가(직접재료비, 직접노무비)는 개별 제품과 관련하여 직접 발생한 원가이므로 발생과 동시에 개별 제품에 부과하지만, 제조간접비는 개별 제품과 관련하여 직접 발생한 원가가 아니므로 이를 별도로 배부하는 절차가 필요하다.

1. 실제개별원가계산

실제 발생된 직접재료비, 직접노무비, 제조간접비를 사용하여 개별 제품의 원가를 계산하며, 제조간접비의 배부는 실제배부율에 의하는 방법이다.

$$제조간접비\ 실제배부율 = \frac{제조간접비\ 실제발생액}{실제작업시간}$$

2. 정상(예정)개별원가계산

직접재료비와 직접노무비는 실제 발생한 원가로 계산하고, 제조간접비는 예정액을 사용하여 개별제품의 원가를 계산하는 방법이다.

$$제조간접비\ 예정배부율 = \frac{연간\ 제조간접비\ 발생액}{연간\ 예정작업시간}$$

▶ 실제개별원가계산과 정상(예정)개별원가계산의 비교

원가항목	실제개별원가계산	정상(예정)개별원가계산
직접재료비	실제원가	실제원가
직접노무비	실제원가	실제원가
제조간접비	실제제조간접원가	정상(예정)제조간접원가

• 실제제조간접원가: 실재배부율 × 실제배부기준(시간)
• 정상(예정)제조간접원가: 예정배부율 × 실제배부기준(시간)

▶ **연계학습** | 에듀윌 기본서 1차 [회계원리 下] p.81 　　　　　회독체크 1 2 3

CHAPTER 미리보기

01 종합원가계산의 개념 ★★★　　　　03 결합(연산품, 등급별)원가계산 ★★☆

02 종합원가계산의 종류　　　　　　　04 공손품

핵심 **01** **종합원가계산의 개념** ★★★

1. 종합원가계산의 의의

종합원가계산은 일정 기간 동안에 발생한 총원가를 집계한 후 이를 같은 기간의 완성품수량으로 나누어 제품의 단위당 원가를 계산하는 방법으로서 정유업, 제지업, 제분업, 제당업, 화학공업 등과 성능·규격 등이 동일한 한 종류의 제품을 연속적으로 대량생산하는 기업에서 주로 사용한다. 종합원가계산에서는 제조원가를 직접재료비와 가공비로 구분하여 원가계산을 하며, 가공비는 원가요소 중 직접노무비와 제조간접비를 합계한 것으로서 전환원가라고도 한다.

$$\text{제품의 단위당 원가} = \frac{\text{일정 기간 동안에 발생한 총제조원가}}{\text{동 기간의 완성품수량}}$$

▶ **개별원가계산과 종합원가계산에서의 원가분류의 비교**

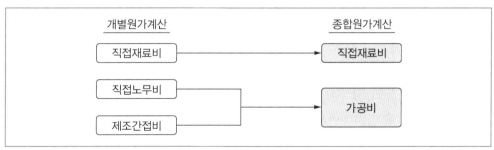

2. 종합원가계산의 절차

종합원가계산은 다음과 같은 절차에 의하여 원가를 계산한다.

① 일정 기간 동안 발생한 총제조원가를 집계한다.

② 당월총제조원가에 월초재공품원가를 가산하고, 이 합계액에서 월말재공품원가를 차감하여 당월제품제조원가를 산출한다.

> 당월제품(완성품)제조원가 = (월초재공품원가 + 당월총제조원가) - 월말재공품원가

③ 당월제품제조원가를 당월완성품수량으로 나누어 제품의 단위당 원가를 계산한다.

$$\text{제품의 단위당 원가} = \frac{\text{당월제품제조원가}}{\text{당월완성품수량}}$$

3. 완성품환산량의 계산

종합원가계산에서는 총제조원가를 완성품과 월말재공품에 배분하기 위하여 완성도의 개념과 완성품환산량의 개념을 사용한다.

(1) 완성도

완성도는 공정에 투입되어 현재 생산 진행 중에 있는 제품이 어느 정도 완성되었는가를 나타내는 수치로서, 30% 또는 70%와 같은 형태로 표현된다.

(2) 완성품환산량

완성품환산량은 생산활동에 투입된 모든 노력을 제품을 완성하는 데에만 투입하였더라면 완성되었을 수량으로 환산한 것이다.

4. 월말재공품의 평가

월초재공품이 없는 경우에는 원가흐름에 대한 가정이 필요하지 않지만, 월초재공품이 있는 경우에는 원가흐름에 대한 가정이 필요한데, 여기에는 평균법, 선입선출법, 후입선출법 등이 있으며, 월초재공품이나 당기투입액에 변동이 없는 경우 평균법, 선입선출법, 후입선출법은 월말재공품의 계산 및 완성품원가가 같은 금액으로 모두 동일한 결과가 된다.

(1) 평균법

평균법은 당월에 완성된 제품이 월초재공품 또는 당월착수(투입)분을 구분하지 않고 모두 당월에 착수되어 완성된 것으로 가정하여 원가계산을 하는 방법이다. 즉, 완성되는 순서가 평균적으로 완성된다는 것을 의미한다.

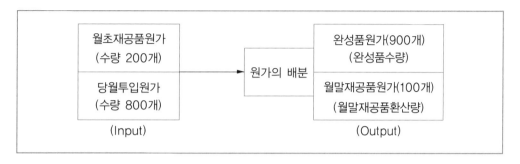

① 완성품환산량

당월착수완성분수량 + 월초재공품환산량 + 월말재공품환산량
= 당월완성품수량 + 월말재공품환산량

② 월말재공품원가

월말재공품의 직접재료비(원가) + 가공비(원가)

㉠ 월말재공품 직접재료비(원가)

월말재공품의 직접재료비 완성품환산량 × 직접재료비의 완성품환산량 단위당 원가

$$= 월말재공품환산량 \times \frac{월초재공품직접재료비 + 당월직접재료비투입액}{완성품수량 + 월말재공품환산량}$$

㉡ 월말재공품 가공비(원가)

월말재공품의 가공비 완성품환산량 × 가공비의 완성품환산량 단위당 원가

$$= 월말재공품환산량 \times \frac{월초재공품가공비 + 당월가공비투입액}{완성품수량 + 월말재공품환산량}$$

(2) 선입선출법(FIFO)

선입선출법은 먼저 착수된 것부터 먼저 완성된 것으로 가정하는 방법이다. 따라서 월초재공품은 당기 중에 새로 착수된 것보다 우선적으로 완성된 것으로 보아 완성품원가로 대체하고 월말재공품은 당기에 투입된 원가의 일부가 남은 것으로 보는 것이다.

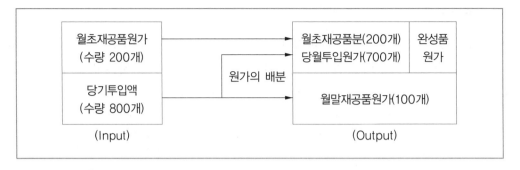

① **완성품환산량**

당월착수완성품수량 + 월말재공품환산량
= 당월완성품수량 − 월초재공품환산량 + 월말재공품환산량

② **당월착수 완성품수량**

당월완성품수량 − 월초재공품수량

③ **월말재공품원가**

월말재공품의 직접재료비 + 가공비

㉠ **월말재공품 직접재료비**

월말재공품의 직접재료비 완성품환산량 × 직접재료비의 완성품환산량 단위당 원가

$$= 월말재공품환산량 \times \frac{당월투입직접재료비}{완성품수량 - 월초재공품환산량 + 월말재공품환산량}$$

㉡ **월말재공품 가공비**

월말재공품의 가공비 완성품환산량 × 가공비의 완성품환산량 단위당 원가

$$= 월말재공품환산량 \times \frac{당월투입가공비}{완성품수량 - 월초재공품환산량 + 월말재공품환산량}$$

핵심 02 **종합원가계산의 종류**

1. 단일(단순)종합원가계산

단일종합원가계산은 단 하나의 공정만을 가지고 있는 기업에서 사용하는 원가계산 방법으로서 얼음제조업, 소금제조업 등에서 사용하는 원가계산 방법이다.

2. 공정별종합원가계산

공정별종합원가계산은 기본적으로 각 공정마다 단일종합원가계산을 반복하는 것에 불과하며, 화학공업, 제지공업, 제당공업 등과 같이 여러 단계의 제조공정을 가지고 있는 제조기업에서 사용하는 원가계산 방법이다.

① 제1공정은 첫 번째(시작) 공정이므로 단일종합원가계산 방식에 따라 원가요소를 직접재료비와 가공비의 원가로 계산한다.

② 제2공정(최종공정)은 공정의 마지막 단계로 제품이 완성되는 공정을 뜻한다. 최종공정은 제1공정에서 완성된 원가(전공정비)에 추가적인 재료비와 가공비를 투입하여 제품을 제조하므로 당월투입원가는 전공정비가 포함되며, 전공정비의 완성도는 100%로 가정한다.

3. 조별(반별)종합원가계산

조별종합원가계산은 종류가 다른 여러 제품을 연속적으로 대량생산하는 기업에서 사용하는 원가계산 방법으로서 식료품제조업, 제과업, 통조림제조업, 직물업 등과 같은 제조업에서 사용하는 원가계산 방법이다.

조별종합원가계산은 단일종합원가계산 여러 개를 하나의 원가계산으로 표시한 것과 같다. 각 제품별로 단일종합원가계산을 하는 것이 조별종합원가계산이다. 다만, 단일종합원가계산과 다른 것이 있다면 조간접비라는 공통비가 발생하여 그것을 각 조별로 배부한다는 것이다.

핵심 03 결합(연산품, 등급별)원가계산 ★★☆

1. 결합원가의 의의

연산품은 주산물과 부산물을 명백히 구별할 수 없는 2종 이상의 제품이다. 즉, 동일 재료에 의하여 주산물과 부산물로 명확히 구별할 수 없는 여러 종류의 제품이 결합적으로 생산되는 것을 말한다. 동일한 공정에서 동일 원재료를 사용하여 연산품을 생산하는 경우에 적용하는 원가계산방법을 연산품원가계산이라고 한다. 연산품원가계산은 결합원가를 각 제품에 배분하는 과정이 중요하다.

(1) 연산품

연산품은 둘 이상의 제품을 말하는데 다음과 같은 특징이 있다.

① 상당히 중요한 판매가치가 있다.

② 분리점에 이르기까지는 개별제품으로 서로 구분할 수 없는 제품들이다.

(2) 부산물

① 주산물의 판매가치와 비교해 볼 때 상대적으로 판매가치가 적다.

② 분리점에 이르기까지는 개별제품으로 서로 구분할 수 없는 제품들이다.

(3) 분리점

연산품과 부산물들을 하나하나 구분할 수 있는 제조과정 중의 한 점을 말하는데 이 시점 이전의 모든 원가를 결합원가라 하고, 이 시점 이후의 모든 원가를 개별원가라 한다.

(4) 결합원가

둘 이상의 제품(서비스)을 동시에 생산하는 단일공정에서 발생한 원가로서 분리 이전의 상태에서 발생한 제조원가를 말한다.

▶ **결합원가와 분리원가**

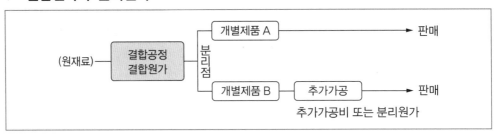

2. 결합원가의 배분기준

연산품원가계산의 과정은 결합원가를 각 제품에 배부하는 과정이 핵심적인 과정이다. 결합원가를 각 연산품에 배분하는 기준으로는 다음과 같이 3가지가 있다.

(1) 물량기준법

결합원가배분의 기준으로서 모든 결합 제품에 공통적인 특성인 물량을 이용하는 방법으로 생산수량, 중량, 용량, 면적 등을 이용하는 방법이다.

(2) 판매가치법

결합원가의 배분기준으로서 상대적 판매가치를 이용하는 방법으로, 각 제품의 이익률이 같다는 가정하에 적용할 수 있다.

- 총판매가치 = 제품 1단위당 판매가격 × 총생산(완성)량
- 개별제품의 결합원가배부액 = 결합원가 × $\dfrac{\text{개별제품의 판매가치}}{\text{총판매가치}}$

(3) 순실현가능가치법

제품의 최종 판매가격에서 추가가공원가와 판매비를 차감한 금액(순실현가능가치, NRV; Net Realizable Value)을 기준으로 배분하는 방법으로, 가장 많이 사용하는 방법이다.

순실현가능가치 = 최종 판매가격 − (추가가공비 + 판매비)

핵심 04 공손품

공손품은 품질이나 규격이 일정한 수준에 미달하는 불합격품을 말한다. 공손품은 원재료의 불량, 작업부주의, 기계설비의 정비 불량, 부품의 지연된 조달 등의 원인에 의하여 발생하며 대부분 폐기처분되거나 처분가치가 있는 경우에는 매각하기도 한다.

1. 정상공손과 비정상공손

(1) 정상공손

생산공정이 효율적인 상태에서도 공손은 발생하는데 이러한 공손을 정상공손이라 하고, 정상공손은 제품 생산과정에서 불가피하게 발생하는 것으로 원가성이 인정되어 제품원가에 포함시킨다. 정상공손은 일반적으로 검사시점을 통과한 정상제품(합격품)의 일정비율로 계산한다.

(2) 비정상공손

비정상공손은 생산 활동을 효율적으로 수행하였다면 회피할 수 있는 공손으로서, 경영의 비효율성으로 인해 발생한 것이므로 제품원가에 포함하지 않고 기간비용으로 처리하여야 한다.

2. 공손품의 계산

재공품			
월초재공품수량	×××	완 성 품 수 량	×××
당 월 투 입 수 량	×××	정 상 공 손 품 수 량	×××
		비 정 상 공 손 품 량	×××
		월 말 재 공 품 수 량	×××

① 정상공손품은 검사시점을 통과한 합격품(정상제품)의 일정 비율로 계산한다.

② 비정상공손품은 전체 공손품수량에서 정상공손품수량을 차감하여 계산한다.

③ **합격품**(정상제품)**의 수량 계산방법**: 합격품 수량은 월초재공품 및 월말재공품의 완성도와 검사시점에 따라 계산한다.

---

(1) 재공품계정을 이용하여 공손품수량을 계산한다.

재공품			
기 초 재 공 품	1,500개	완 성 품 수 량	3,300개
당 월 투 입 수 량	4,500개	공 손 품 수 량	600개
		기 말 재 공 품	2,100개

(2) 합격품수량을 계산한다.

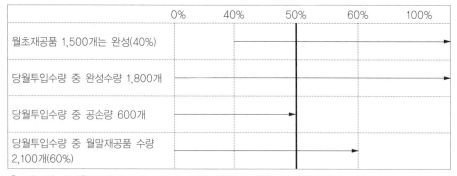

① 제품의 생산을 위한 작업을 시작할 때에는 월초재공품부터 생산(제조)에 투입하기 때문에 월초재공품 수량은 모두 완성품수량에 배분된다.

② 당월투입수량 4,500개 중 일부는 완성품, 공손품, 기말재공품에 배분된다.

③ 월초재공품 수량 1,500개의 완성도는 40%이므로, 당기에는 40%에서 출발하여 100%(완성)에 도달되었으므로 검사시점을 통과하였다. 즉, 합격품이다.

④ 당월투입수량 4,500개는 당기에 투입되었으므로 0%에서 출발한다.

⑤ 당월투입수량 4,500개 중 1,800개는 0%에서 출발하여 100%에 도달되었으므로 검사시점을 통과하였다. 즉, 합격품이다.

⑥ 당월투입수량 4,500개 중 600개는 0%에서 출발하여 50%까지만 통과하였다. 즉, 검사시점을 통과하지 못하였으므로, 불합격품이다.

⑦ 당월투입수량 4,500개 중 2,100개는 0%에서 출발하여 60%에 도달하였으므로 검사시점을 통과하였다. 즉, 합격품이다.

⑧ 따라서 합격품 수량은 5,400개(1,500개 + 1,800개 + 2,100개)이고, 정상공손은 합격품의 10%이므로 540개이다.

⑨ 공손품수량 600개 중 정상공손품은 540개, 나머지 60개는 비정상공손품에 해당한다.

전부원가계산과 변동원가계산

▶ **연계학습** | 에듀윌 기본서 1차 [회계원리 下] p.112   회독체크 1 2 3

CHAPTER 미리보기

01 의의 ★★★

02 변동원가계산의 주요이론

03 포괄손익계산서의 구조

04 전부원가계산과 변동원가계산의 순이익 비교

05 변동원가계산의 영업이익 계산

핵심 01   **의의** ★★★

제품의 원가를 계산할 때 고정제조간접비를 원가에 포함할 것인가의 여부에 따라 전부원가계산과 변동원가계산으로 구분한다.

1. 전부원가계산

제조과정에서 발생한 변동제조간접비(직접재료비, 직접노무비, 변동제조간접비)와 고정제조간접비 모두를 제품원가로 계산하는 방법으로서, 기업이 외부정보이용자들에게 재무보고의 목적으로 사용한다.

2. 변동원가계산

제조과정에서 발생한 변동제조간접비(직접재료비, 직접노무비, 변동제조간접비)만을 제품원가로 계산하고, 고정제조간접비는 조업도와 관계없이 기간비용으로 처리하는 원가계산방법이다.

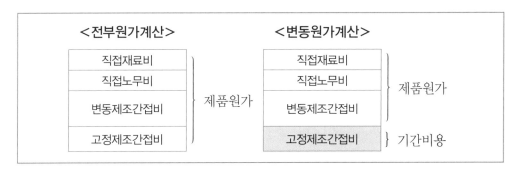

핵심 02 **변동원가계산의 주요이론**

① 제조활동에서 소요된 모든 원가는 고정비와 변동비로 분리 가능하다.
② 변동비 중 제조활동과 관련된 변동원가만을 제품원가로 처리하고 고정비는 모두 기간비용으로 처리한다. 따라서 고정제조간접비는 재고자산에 포함되지 않는다.
③ 손익분기점 분석에 적합한 원가계산 방식이며 의사결정에 유용하다.
④ 조업도(생산량)와 관계없이 제품의 단위당 원가는 항상 일정하게 유지된다.
⑤ 전부원가계산은 재고자산의 변동이 순이익에 영향을 미치지만 변동원가계산은 재고자산의 변동이 순이익에 영향을 미치지 않는다.
⑥ 한국채택국제회계기준에서는 수용하지 않고 있으며 세무회계에서도 받아들여지지 않는 방법으로, 재무보고 목적으로 사용할 수 없다.

핵심 03 **포괄손익계산서의 구조**

1. 전부원가계산의 포괄손익계산서 구조

고정제조간접비도 제품원가에 포함되므로, 매출원가와 재고자산에 배분되며, 전통적인 손익계산방법으로 작성된다.

2. 변동원가계산의 포괄손익계산서 구조

고정제조간접비는 발생한 기간비용으로 처리하므로 제품원가에 포함되지 않으며, 공헌이익접근방법으로 작성된다.

핵심 04 **전부원가계산과 변동원가계산의 순이익 비교**

구분	전부원가계산	변동원가계산
목적	정상적인 재무보고(재무제표 작성)	경영관리 및 의사결정
제품제조원가	(변동원가 + 고정원가) 직접재료비와 직접노무비 변동제조간접비와 고정제조간접비	(변동원가) 직접재료비와 직접노무비 변동제조간접비
고정제조간접비	제품제조원가	기간 비용

순이익의 비교	• 생산량 = 판매량: 기초재고 = 기말재고(전부원가계산 = 변동원가계산) • 생산량 > 판매량: 기초재고 < 기말재고(전부원가계산 > 변동원가계산) • 생산량 < 판매량: 기초재고 > 기말재고(전부원가계산 < 변동원가계산)
순이익의 조정	변동원가계산의 순이익 (−) 기초재고에 포함된 고정제조간접비 (+) 기말재고에 포함된 고정제조간접비 = 전부원가계산의 순이익

(1) 생산량과 판매량이 같은 경우(순이익은 같다)

생산량과 판매량이 같은 경우에는 기초재고와 기말재고가 같기 때문에 고정제조간접비 모두 기간수익에 대응되어 전부원가계산의 당기순이익과 변동원가계산의 당기순이익은 같다.

(2) 생산량이 판매량보다 많은 경우(전부원가계산의 순이익이 크다)

생산량이 판매량보다 많은 경우에는 전부원가계산 시 당기에 발생한 고정제조간접비의 일부가 판매되지 않아 기말재고자산은 포함되어 재고자산이 과대계상되고, 변동원가계산 시 고정제조간접비는 전액 기간비용으로 처리되기 때문에 전부원가계산의 순이익이 변동원가계산의 순이익보다 고정제조간접비가 기말재고자산에 포함된 금액만큼 크다.

(생산량 − 판매량) × 단위당 고정제조간접비 = 전부원가계산이 큰 금액

(3) 생산량이 판매량보다 적은 경우(변동원가계산의 영업이익이 크다)

판매량이 생산량보다 많은 경우에는 변동원가계산의 순이익이 전부원가계산의 순이익보다 크게 계상된다.

(판매량 − 생산량) × 단위당 고정제조간접비 = 변동원가계산이 큰 금액

핵심 05 변동원가계산의 영업이익 계산

• 단위당 공헌이익(단위당 판매가격 − 단위당 변동비) × 판매량 = 총공헌이익
• 총공헌이익 − 고정비(원가) = 변동원가계산의 영업이익

CHAPTER 미리보기

01 표준원가의 의의

02 표준원가의 목적

03 표준원가의 설정

04 표준원가의 차이분석 ★★★

핵심 01   표준원가의 의의

표준원가(Standard Cost Accounting)는 모든 원가요소를 과학적 방법과 통계적 방법에 의하여 표준이 되는 원가를 제품생산 이전에 미리 산출하고, 이를 제품생산 후 실제로 발생된 원가와 비교하여, 그 차이를 분석함으로써 원가통제에 도움이 되도록 하는 사전 원가계산방법이며, 실제원가와 유사한 경우만 허용된다.

핵심 02   표준원가의 목적

① 표준원가의 설정에 따른 원가절감에 대한 동기부여로 원가를 절감시킬 수 있는 원가 관리의 목적이 있다.

② 각각의 부문별 예산편성에 따른 실적, 측정 및 예산차이의 분석을 통한 예산관리의 목적이 있다.

③ 기장절차를 간략화하고 신속화한다.

④ 조업도 및 공손 등에 따라 변동과 관계없이 가격결정의 기초로 사용하기가 적절하여 경영자의 의사결정 목적이 있다.

핵심 03   표준원가의 설정

1. 표준직접재료비

표준직접재료비는 재료단위당 표준가격과 제품단위당 표준직접재료수량을 통하여 결정된다.

$$\text{표준직접재료비} = \text{표준재료수량} \times \text{표준재료가격}$$

2. 표준직접노무비

표준직접노무비는 시간당 표준임률과 제품단위당 표준작업시간을 통하여 결정된다.

$$\text{표준직접노무비} = \text{표준작업시간} \times \text{표준임률}$$

3. 표준제조간접비

표준제조간접비는 그 구성항목들이 매우 다양하여 정확한 표준을 설정하기 위해서는 표준제조간접비를 변동제조간접비와 고정제조간접비로 분류하는 것이 필수적이다.

① **변동제조간접비**: 변동제조간접비는 조업도 단위당 표준배부율과 제품단위당 표준조업도(시간 등)를 통하여 결정한다.

$$\text{단위당 변동제조간접비} = \text{제품단위당 표준조업도(시간)} \times \text{단위당 표준변동배부율}$$

$$* \text{표준변동배부율} = \frac{\text{변동제조간접비원가예산}}{\text{기준(정상)조업도}}$$

② **고정제조간접비**: 고정제조간접비는 조업도 단위당 예정배부율과 제품단위당 표준조업도를 통하여 결정한다.

$$\text{단위당 표준고정제조간접비} = \text{제품단위당 표준조업도(시간)} \times \text{단위당 표준고정배부율}$$

$$* \text{표준고정배부율} = \frac{\text{고정제조간접비원가예산}}{\text{기준(정상)조업도}}$$

핵심 04 **표준원가의 차이분석** ★★★

1. 직접재료비 차이분석

직접재료비 차이는 실제로 발생한 직접재료비와 표준원가에 의한 직접재료비의 차액을 말하며, 이에는 수량차이와 가격차이가 있다.

표준수량 × 표준가격   실제수량 × 표준가격   실제수량 × 실제가격

수량차이   가격차이

- 수량차이 = (표준수량 − 실제수량) × 표준가격
- 가격차이 = (표준가격 − 실제가격) × 실제수량

(1) 수량차이

수량차이는 제품제조에 실제로 소비된 수량과 실제산출량에 허용된 표준수량의 차이를 말한다.

$$수량차이 = (표준수량 - 실제수량) \times 표준가격$$

(2) 가격차이

① **구입시점에서의 분리**: 재료의 구입시점에 표준가격과 실제가격과의 차이를 계산하는 것으로 재료의 가격차이를 빨리 계산함으로써 구매부문의 업적을 신속히 평가할 수 있고 재료계정에서부터 표준가격을 적용하므로 기장사무를 간략화할 수 있다.

$$구입가격차이 = (표준가격 - 실제가격) \times 실제구입량$$

② **소비시점에서의 분리**: 실제로 출고되어 소비된 재료의 가격차이를 분석하는 방법이다.

$$소비가격차이 = (표준가격 - 실제가격) \times 실제소비량$$

2. 직접노무비 차이분석

직접노무비 차이는 시간차이(또는 능률차이)와 임률차이로 구분할 수 있다.

표준시간 × 표준임률 실제시간 × 표준임률 실제시간 × 실제임률

    시간차이   임률차이

- 시간차이(능률차이) = (표준시간 - 실제시간) × 표준임률
- 임률차이(예산차이) = (표준임률 - 실제임률) × 실제시간

(1) 능률차이(시간차이)

직접노무비의 시간(능률)차이는 제품제조에 실제 사용된 작업시간과 실제산출량에 허용된 표준작업시간과의 차이에 대한 금액을 말한다.

$$능률(시간)차이 = (표준시간 - 실제시간) \times 표준임률$$

(2) 임률차이

직접노무비의 임률차이는 실제로 발생한 직접노무비의 단위당 임률과 표준원가로 산정한 단위당 표준임률의 차이에 대한 금액을 말한다.

$$\text{임률차이} = (\text{표준임률} - \text{실제임률}) \times \text{실제시간}$$

3. 제조간접비 차이분석

제조간접비차이는 실제로 발생한 제조간접비와 표준제조간접비 배부율에 의하여 제품제조에 배부된 제조간접비의 차액으로서, 일반적으로 변동제조간접비의 차이와 고정제조간접비의 차이로 분류한다.

(1) 변동제조간접비의 차이

변동제조간접비의 차이는 변동제조간접비의 실제발생액과 표준원가로서의 변동제조간접비의 차액을 말하며, 이에는 예산(소비)차이와 능률차이가 있다.

$$\text{변동제조간접비 표준배부율} = \frac{\text{변동제조간접비 예산액}}{\text{기준조업도(정상조업도)}}$$

• 예산(소비)차이 = 변동제조간접비 실제발생액 − 실제조업도에 허용된 변동제조간접비
　　　　　　　 = (변동제조간접비 표준배부율 − 실제변동제조간접비 배부율) × 실제작업시간
• 능률차이 = 실제조업도에 허용된 변동제조간접비 − 표준조업도에 대한 변동제조간접비 배부액
　　　　　 = (표준시간 − 실제시간) × 변동제조간접비 표준배부율

(2) 고정제조간접비의 차이

고정제조간접비의 차이는 고정제조간접비의 실제발생액과 표준원가로서의 고정제조간접비의 차액을 말하며, 이에는 예산(소비)차이와 조업도차이가 있다.

$$\text{고정제조간접비 표준배부율} = \frac{\text{고정제조간접비 예산액}}{\text{기준(정상)조업도}}$$

• 예산(소비)차이 = 고정제조간접비 실제발생액 − 고정제조간접비 예산액
• 조업도차이 = 고정제조간접비 예산액 − 고정제조간접비 배부액
　　　　　　 = 고정제조간접비 표준배부율 × [실제산출량에 허용된 표준시간 − 기준(정상) 조업도]

핵심암기법 **표준원가계산:** 표실이를 그린다(표표실표실실) ⇨ **표**준원가, **실**제원가, 차**이** 분석

▶ **연계학습** | 에듀윌 기본서 1차 [회계원리 下] p.142

회독체크 1 2 3

CHAPTER 미리보기

01 원가행태   02 원가추정 ★★☆

핵심 01   원가행태

원가행태는 조업도 수준의 변동에 따라 일정한 양상으로 변화하는 원가발생액의 변동양
상을 말하는 것으로서 변동비, 고정비, 준변동비(혼합원가), 준고정비(계단원가)로 분류할
수 있다.

1. 변동비

조업도의 증감에 따라 원가총액이 비례적으로 증감하는 것으로 직접재료비, 직접노
무비, 변동제조간접비 등이 있다.

2. 고정비

조업도의 증감에 관계없이 원가총액이 불변인 것으로 감가상각비, 보험료, 임차료
등이 있다.

3. 준변동비(혼합원가)

조업도가 영(0)인 경우에도 일정액이 발생하고 조업도의 증가에 따라 원가총액이 비
례적으로 증가하는 것으로 전기요금, 수도요금, 전화요금 등이 있다.

4. 준고정비(계단원가)

일정한 조업도 내에서는 원가총액이 불변하나, 일정 조업도를 초과하면 고정비의 일
정액이 추가 발생되어 원가총액이 일정액으로 증가하는 것으로 공장 감독자의 급료
등이 있다.

핵심 02 **원가추정** ★★☆

1. 원가추정의 의의

원가추정은 과거 또는 현재의 회계자료를 이용하여 원가(y, 종속변수)와 조업도(x, 독립변수) 사이의 관계를 규명한 후 미래원가를 추정하는 것을 말한다.

2. 원가추정 방법

(1) 원가의 추정 방법으로는 산업공학적 방법, 계정분석법, 산포도법, 학습곡선, 고저점법 등이 있으며, 여기에서는 고저점법을 학습하는 것으로 한다.

> 원가함수 추정 등식: $y = a + bx$
> (y = 총원가, a = 고정비, b = 단위당 변동비, x = 조업도)

(2) 고저점법

고저점법은 가장 높은 최고조업도에서의 총원가와 가장 낮은 최저조업도에서의 총원가의 차이를 이용하여 변동원가요소와 고정원가요소를 추정하는 방법이다.

① **단위당 변동비의 추정**: 최고조업도의 총원가에서 최저조업도의 총원가를 차감한 금액을 최고조업도와 최저조업도의 차이로 나누어 추정한다.

> $$\text{단위당 변동비} = \frac{\text{최고조업도의 총원가} - \text{최저조업도의 총원가}}{\text{최고조업도} - \text{최저조업도}}$$

② **고정비의 추정**: 고정비는 단위당 변동비를 이용하여 최고조업도 또는 최저조업도의 원가자료에 대입하여 산정한다.

> 총고정비 = 최고조업도 총원가 - (단위당 변동비 × 최고조업도)
> = 최저조업도 총원가 - (단위당 변동비 × 최저조업도)

▶ **연계학습** | 에듀윌 기본서 1차 [회계원리 下] p.150

회독체크 1 2 3

CHAPTER 미리보기

01 C·V·P분석의 의의
02 C·V·P분석의 목적
03 C·V·P분석의 기본가정

04 손익분기점 ★★★
05 안전한계 ★★☆
06 복수제품의 손익분기점

핵심 01 C·V·P분석의 의의

C·V·P분석(Analysis of Cost-Volume-Profit, 원가-조업도-이익)은 원가, 조업도, 이익의 관계에서 조업도의 증가 또는 감소에 따라 원가와 이익에 미치는 영향을 분석하는 기법이다.

핵심 02 C·V·P분석의 목적

C·V·P분석을 통해 다음과 같은 경영관리목적에 유용한 정보를 얻을 수 있다.
① 손익분기점 매출액 또는 일정 매출액을 달성하기 위하여 소요되는 원가총액과 손익
② 목표이익을 달성하기 위한 조업도의 정도 또는 매출액
③ 판매가격 변동이 기업이익에 미치는 영향
④ 조업도 변화에 따른 이익의 크기 등

핵심 03 C·V·P분석의 기본가정

① 모든 원가는 고정비와 변동비로 구분되고, 모든 수익과 원가는 관련범위 내에서 선형이다.
② 고정비는 관련범위 내에서 일정하고 관련범위 내에서 변동하지 않는다.
③ 변동비는 조업도에 따라 총원가가 비례적으로 변동한다.
④ 기초재고액과 기말재고액은 일정하다. 즉, 생산량과 판매량은 동일하다.

⑤ 원가요소 및 제품의 판매가격은 항상 일정하다.

⑥ 단일제품을 대상으로 하며, 복수제품일 경우에는 매출배합이 일정하다.

⑦ 공장설비의 능률과 생산성은 일정하다.

손익분기점 ★★★

1. 손익분기점의 의의

손익분기점(BEP; Break Even Point)은 매출액(총수익)과 총비용이 일치하여 이익도 손실도 없는 '0'상태의 판매량이나 매출액을 말한다. 즉, 총공헌이익이 총고정비와 일치되는 시점을 말한다.

> 손익분기점(BEP): 매출액(총수익) − 총비용(변동비 + 고정비) = 0

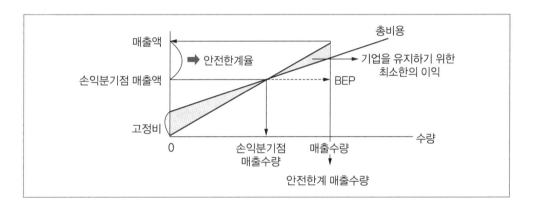

2. 공헌이익

공헌이익은 매출액에서 변동원가를 차감한 금액으로 고정비를 회수하거나 목표이익을 창출하는 데 기여한 이익을 말하며, 통상 단위당 공헌이익을 뜻한다.

> 단위당 공헌이익 = 단위당 판매가격 − 단위당 변동비(매출액 − 변동비)

3. 공헌이익률

공헌이익률은 공헌이익의 개념을 비율개념으로 나타낸 것으로서 단위당 공헌이익을 단위당 판매가격으로 나누거나, 총공헌이익을 매출액으로 나눈 것이다.

$$\text{공헌이익률} = \frac{\text{단위당 공헌이익}}{\text{단위당 판매가격}} = \frac{\text{단위당 판매가격} - \text{단위당 변동비}}{\text{단위당 판매가격}}$$

4. 변동비율

변동비율은 단위당 변동비를 단위당 판매가격으로 나누거나 총변동비를 매출액으로 나눈 것이다.

$$\text{변동비율} = \frac{\text{단위당 변동비}}{\text{단위당 판매가격}} = \frac{\text{총변동비}}{\text{매출액}}$$

5. 손익분기점의 매출수량 및 매출액

(1) 손익분기점 매출수량: 총수익과 총원가(비용)가 일치되는 매출수량

$$\text{손익분기점 매출수량} = \frac{\text{총고정비}}{\text{단위당 판매가격 − 단위당 변동비}} = \frac{\text{총고정비}}{\text{단위당 공헌이익}}$$

(2) 손익분기점 매출액: 총수익과 총원가(비용)가 일치되는 매출액

$$\text{손익분기점 매출액} = \frac{\text{총고정비}}{\text{공헌이익률}} = \frac{\text{총고정비}}{1 − \text{변동비율(단위당 변동비 ÷ 판매가격)}}$$

6. 목표이익을 달성하기 위한 매출수량 및 매출액

목표이익이 금액으로 주어지면 고정비처럼 취급하고, 목표이익이 비율로 주어지면 공헌이익률에서 차감하여 계산한다. 다만, 목표이익은 법인세를 차감하기 전 순이익을 말한다.

(1) 법인세가 없는 경우

$$\text{매출수량} = \frac{\text{총고정비 + 목표이익}}{\text{단위당 판매가격 − 단위당 변동비}} = \frac{\text{총고정비 + 목표이익}}{\text{단위당 공헌이익}}$$

$$\text{매출액} = \frac{\text{총고정비 + 목표이익}}{1 − \text{변동비율}} = \frac{\text{총고정비 + 목표이익}}{\text{공헌이익률}}$$

(2) 법인세가 있는 경우

$$목표이익달성\ 매출수량 = \frac{총고정비 + \dfrac{세후목표이익}{(1 - 법인세율)}}{공헌이익}$$

$$= \frac{총고정비 + \dfrac{세후목표이익}{(1 - 법인세율)}}{단위당\ 판매가격 - 단위당\ 변동비}$$

$$목표이익달성\ 매출액 = \frac{총고정비 + \dfrac{세후목표이익}{(1 - 법인세율)}}{공헌이익률}$$

$$= \frac{총고정비 + \dfrac{세후목표이익}{(1 - 법인세율)}}{1 - 변동비율}$$

핵심 **05**   **안전한계** ★★☆

안전한계(MS; Margin of Safety Ratio)는 예상매출액 또는 실제매출액이 손익분기점의 매출액을 초과하는 것을 말한다.

- 안전한계 = 매출액 − 손익분기점 매출액
- 안전한계율 = $\dfrac{안전한계}{매출액}$ = $\dfrac{매출액 - 손익분기점\ 매출액}{매출액}$

핵심 **06**   **복수제품의 손익분기점**

두 가지 이상의 여러 제품을 판매하는 경우의 손익분기점은 여러 제품을 하나의 세트로 판매하는 것으로 하여 단일제품의 손익분기점을 계상한다. 이때 분모에 계상되는 각 제품의 공헌이익은 더하여 가중공헌이익을 사용한다. 가중공헌이익은 공헌이익을 매출비율로 가중평균한 것을 말한다.

▶ **연계학습** | 에듀윌 기본서 1차 [회계원리 下] p.170

회독체크 1 2 3

CHAPTER 미리보기

01 의의
02 의사결정의 유형
03 관련원가와 비관련원가
04 의사결정의 접근방법
05 단기 의사결정의 유형
06 특별주문의 수락 또는 거절 ★★★
07 자가제조 또는 외부구입 ★★☆

핵심 01 의의

의사결정은 여러 가지 선택 가능한 대안 중에서 특정한 목적을 달성하기 위하여 최선의 대안을 선택하는 논리적인 사고 과정을 말한다. 또한 의사결정의 영향이 미치는 기간에 따라 단기 의사결정과 장기 의사결정으로 구분할 수 있다.

핵심 02 의사결정의 유형

의사결정은 의사결정 대상기간에 따라 단기 의사결정과 장기 의사결정으로 구분할 수 있다.

1. 단기 의사결정

의사결정 기간이 일반적으로 1년 이내인 의사결정을 말하는 것으로서, 기간이 단기이므로 화폐의 시간적 가치는 무시하고 설비자산의 변동도 고려하지 않는 의사결정을 말한다.

2. 장기 의사결정

의사결정 기간이 일반적으로 1년 이후인 장기간이 소요되는 의사결정을 말하는 것으로서, 반드시 화폐의 시간적 가치를 고려하여 의사결정을 수행하여야 한다.

핵심 03 관련원가와 비관련원가

1. 관련원가

여러 선택 가능한 대안들 간에 차이가 있는 미래원가로서 의사결정에 직접적으로 영향을 미칠 수 있는 원가를 말한다.

(1) 기회비용

기회비용은 여러 가지 선택 가능한 대체안 중에서 어느 하나를 선택하고 다른 것을 포기한 결과 희생된 최대의 이익을 화폐액으로 측정한 것이다.

예를 들어, 대안1·대안2·대안3에서 발생하는 이익이 각각 ₩100·150·200이라고 가정할 경우, 여러 대안 중 대안1을 선택한다면 기회비용은 ₩200이 될 것이고, 대안3을 선택한다면 기회비용은 ₩150이 될 것이다.

(2) 회피가능원가

회피가능원가는 경영목적을 달성하는 데 반드시 필요로 하지는 않는 원가로서, 경영자의 의사결정에 따라 회피할 수도 있는 원가를 말한다. 이에 반하여 회피불가능원가는 경영활동을 수행하는 데 반드시 필요한 불가피하게 발생되는 원가를 말한다.

2. 비관련원가

비관련원가는 여러 선택 가능한 대안들 간에 차이가 발생하지 않는 원가로서 의사결정에 영향을 미치지 않는 원가를 말한다. 비관련원가의 대표적인 형태에는 매몰원가와 역사적(취득) 원가가 있다. 매몰원가는 경영자가 통제할 수 없는 과거 의사결정의 결과 발생한 원가로서 의사결정에 영향을 미치지 않는 원가를 말한다. 그러므로 의사결정 시 고려할 필요가 없는 원가이다.

핵심 04 의사결정의 접근방법

의사결정의 접근방법에는 총액접근법과 증분접근법이 있는데, 두 가지 방법은 분석과정에서만 차이가 날 뿐 분석결과는 동일하게 나타난다.

① 특별주문의 수락 또는 거절
② 자가제조 또는 외부구입 여부
③ 보조부문의 폐지 여부
④ 특정 제품라인의 유지 또는 폐지
⑤ 특정 제품라인의 추가
⑥ 결합제품의 즉시 판매 또는 추가가공 후 판매
⑦ 제한된 자원의 최적배분
⑧ 투입배합 의사결정 등

위 여러 가지 유형 중에서 본 시험에 출제 가능성이 높은 문제로는 특별주문의 수락 또는 거절, 자가제조 또는 외부구입 여부에 관련된 의사결정 관련 내용이다.

핵심 06　특별주문의 수락 또는 거절 ★★★

1. 유휴시설이 있는 경우

유휴시설이 있는 상태에서 특별주문을 받는 경우에는 기존 설비능력만으로도 특별주문품의 생산이 가능하므로 기회비용이 발생하지 않는다. 즉, 특별주문으로 인하여 추가로 발생하는 증분원가만이 관련된 원가가 된다.

> • 증분수익 > 증분원가 ⇨ 특별주문 수락
> • 증분수익 < 증분원가 ⇨ 특별주문 거절

2. 유휴시설이 없는 경우

유휴시설이 없는 상태에서 특별주문을 받는 경우에는 특별주문으로 인하여 희생이 되는 기회비용이 발생하거나 추가적인 설비투자로 인하여 증가하는 고정원가가 발생한다. 그러므로 이 경우에는 특별주문으로 인한 증분원가뿐만이 아니라 기회비용도 같이 고려하여 의사결정을 하여야 한다.

> • 증분수익 > 증분원가 + 기회비용 ⇨ 특별주문 수락
> • 증분수익 < 증분원가 + 기회비용 ⇨ 특별주문 거절

핵심암기법　**특별주문 시 받아야 할 최소금액: 변추매** ⇨ **변** 동원가, **추** 가비용, **매** 출감소분

핵심 07   자가제조 또는 외부구입 ★★☆

부품을 외부에서 구입하게 되면 자가제조 시에 발생하는 변동원가를 절감할 수 있으며, 또한 외부구입에 따른 생산 감독자나 기계장치의 감가상각비 중 일부를 절감할 수 있다. 즉, 부품을 외부에서 구입하게 되면 회피가능원가는 변동원가와 회피가능고정원가의 합계액이며, 외부구입으로 인해 발생하는 유휴설비의 이용 수익(임대수익 등)은 의사결정에 고려하여야 한다.

- 외부구입원가 > 회피가능원가 ⇨ 자가제조가 유리
- 외부구입원가 < 회피가능원가 ⇨ 외부구입이 유리

핵심암기법   **외부구입 시 지급해야 할 최대금액**: 변고임 ⇨ **변**동원가, **고**정원가, **임**대수익

빈칸 채우기로 PART 마무리

❶ (   ): 선택 가능한 대체안 중에서 한 대체안을 택하고 다른 대체안을 단념할 경우, 그 단념한 대체안에서 상실하게 될 순현금유입액이다.

---

❷ (   ): 역사적 원가라고도 하며, 차액원가와 대립되는 개념으로서 어느 대체안을 택하더라도 변화하지 않는 과거원가이므로 의사결정에 있어서 비관련원가이다.

---

❸ 전부원가계산: 제조과정에서 발생한 변동비(직접재료비, 직접노무비, 변동제조간접비), 고정제조간접비 모두를 제품원가로 계산하는 방법으로서, 기업이 외부정보이용자들에게 (   )으로 사용한다.

---

❹ 변동원가계산: 제조과정에서 발생한 변동비(직접재료비, 직접노무비, 변동제조간접비)만을 제품원가로 계산하고, 고정제조간접비는 조업도와 관계없이 (   )으로 처리하는 원가계산방법이다.

---

❺ 변동원가계산의 주요이론
- 제조활동에서 소요된 모든 원가는 (   )와 (   )로 분리 가능하다.
- 변동원가는 조업도(생산량)와 관계없이 제품의 단위당 원가가 항상 (   )하게 유지된다.
- 전부원가계산은 재고자산의 변동이 순이익에 영향을 미치지만 변동원가계산은 재고자산의 변동이 (   )에 영향을 미치지 않는다.

---

❻ 고정원가는 조업도가 증가 또는 감소하더라도 원가 총액이 항상 (   )하게 발생하는 원가를 말한다. 다만, 단위당 고정원가는 조업도의 증감에 (   )한다.

① 기회원가   ② 매몰원가   ③ 재무보고의 목적   ④ 기간비용   ⑤ 고정비 / 변동비 / 일정 / 순이익
⑥ 일정 / 반비례

❼ 변동원가는 조업도가 증가 또는 감소함에 따라 원가 총액은 (   )하여 증가 또는 감소하는 원가를 말한다. 다만, 단위당 변동원가는 조업도의 변동에 관계없이 (   )하다.

❽ (   )는 특정 범위의 조업도 내에서는 원가발생액이 변동 없이 일정한 금액이 발생하지만 그 범위를 벗어나면 일정액만큼 총액이 달라지는 원가로, (   )라고도 한다.

❾ (   )는 혼합원가라고도 하고 조업도가 (   )일 때에도 고정비 부분만큼의 원가 가 발생하며 조업도가 증가함에 따라 비례적으로 증가하는 형태의 원가를 말한다.

❿ 경영목적의 수행에 절대로 필요한 것은 아닌 원가로서 경영관리자의 의사결정에 따라 피할 수도 있는 원가를 (   )라고 한다.

⓫ 매출원가가감법은 배부차이를 기간원가로 보는 방법으로서, 과소배부액은 매출원가에 (   ) 하고 과대배부액은 매출원가에서 (   )한다.

⓬ 비례배분법 또는 보충률법은 배부차이를 기간원가가 아니라 제조원가로 보는 방법으로서, 배부차이를 (   ), (   ), (   )에 추가적으로 배분하여 실제원가를 계산하는 방법이다.

⓭ (   )은 보조부문의 원가배분에 있어서 다른 보조부문에 제공한 서비스를 전혀 고려하지 않 고 제조부문에만 보조부문의 원가를 배분하는 방법으로, 간편하지만 비합리적이다.

⓮ (   )은 보조부문에 제공한 서비스의 일부만을 고려하는 방법이다. 보조부문 상호간의 용역 의 수수 정도를 일부 고려하여 가장 다수의 부문에 용역을 제공하는 차례에 따라 계단처럼 배열한 후 배부하는 방법으로, 배부의 순서를 정하는 것이 중요하다.

⓯ (   )은 (   )이라고도 하며, 보조부문 상호간의 용역수수관계를 완전히 고려하 여 각 보조부문을 용역의 제공을 받은 타 보조부문과 제조부문에 배부하는 방법이다.

⓰ 활동기준원가계산은 소비자의 욕구가 다양화 됨에 따라 제품의 제조방법이 (   )생산방식에 서 (   )생산방식으로 전환되고, (   )의 비중이 증가할 때 적용하며 제조업뿐 만 아니라 모든 업종에 적용이 가능하다.

⓱ 순실현가능가치란 제품의 최종 (   )에서 (   )와 판매비를 차감한 금액이다.

정답

❼ 비례 / 일정   ❽ 준고정원가 / 계단원가   ❾ 준변동원가 / 영(0)   ❿ 회피가능원가   ⓫ 가산 / 차감
⓬ 재공품 / 제품 / 매출원가   ⓭ 직접배부법   ⓮ 단계배부법   ⓯ 상호배부법 / 연립방정식법   ⓰ 대량 / 다품종 소량
/ 제조간접비   ⓱ 판매가격 / 추가가공원가

※ 용어의 의미를 정확히 알고 있는지 확인하고 ☐ 에 체크해 보세요. 헷갈리는 용어는 해당 페이지로 돌아가 다시 학습합니다.

삶의 순간순간이
아름다운 마무리이며
새로운 시작이어야 한다.

– 법정 스님

여러분의 작은 소리
에듀윌은 크게 듣겠습니다.

본 교재에 대한 여러분의 목소리를 들려주세요.
공부하시면서 어려웠던 점, 궁금한 점,
칭찬하고 싶은 점, 개선할 점, 어떤 것이라도 좋습니다.

에듀윌은 여러분께서 나누어 주신 의견을
통해 끊임없이 발전하고 있습니다.

에듀윌 도서몰 book.eduwill.net
• 부가학습자료 및 정오표: 에듀윌 도서몰 → 도서자료실
• 교재 문의: 에듀윌 도서몰 → 문의하기 → 교재(내용, 출간) / 주문 및 배송

2025 에듀윌 주택관리사 1차 핵심요약집 회계원리

발 행 일	2025년 1월 5일 초판
편 저 자	윤재옥
펴 낸 이	양형남
펴 낸 곳	(주)에듀윌
I S B N	979-11-360-3546-2
등록번호	제25100-2002-000052호
주 소	08378 서울특별시 구로구 디지털로34길 55
	코오롱싸이언스밸리 2차 3층

* 이 책의 무단 인용 · 전재 · 복제를 금합니다.

www.eduwill.net
대표전화 1600-6700

11,800여 건의
생생한 후기

한○수 합격생

에듀윌로 합격과 취업 모두 성공

저는 1년 정도 에듀윌에서 공부하여 합격하였습니다. 수많은 주택관리사 합격생을 배출해 낸 1위 기업이라는 점 때문에 에듀윌을 선택하였고, 선택은 틀리지 않았습니다. 에듀윌에서 제시하는 커리큘럼은 상대평가에 최적화되어 있으며, 나에게 맞는 교수님을 선택할 수 있었기 때문에 만족하며 공부를 할 수 있었습니다. 또한 합격 후에는 에듀윌 취업지원센터의 도움을 통해 취업까지 성공할 수 있었습니다. 에듀윌만 믿고 따라간다면 합격과 취업 모두 문제가 없을 것입니다.

박○현 합격생

20년 군복무 끝내고 주택관리사로 새 출발

육군 소령 전역을 앞두고 70세까지 전문직으로 할 수 있는 제2의 직업이 뭘까 고민하다가 주택관리사 시험에 도전하게 됐습니다. 주택관리사를 검색하면 에듀윌이 가장 먼저 올라오고, 취업까지 연결해 주는 프로그램이 잘 되어 있어서 에듀윌을 선택하였습니다. 특히, 언제 어디서나 지원되는 동영상 강의와 시험을 앞두고 진행되는 특강, 모의고사가 많은 도움이 되었습니다. 거기에 오답노트를 만들어서 틈틈이 공부했던 것까지가 제 합격의 비법인 것 같습니다.

이○준 합격생

에듀윌에서 공인중개사, 주택관리사 준비해 모두 합격

에듀윌에서 준비해 제27회 공인중개사 시험에 합격한 후, 취업 전망을 기대하고 주택관리사에도 도전하게 됐습니다. 높은 합격률, 차별화된 학습 커리큘럼, 훌륭한 교수진, 취업지원센터를 통한 취업 연계 등 여러 가지 이유로 다시 에듀윌을 선택했습니다. 에듀윌 학원은 체계적으로 학습 관리를 해 주고, 공부할 수 있는 공간이 많아서 좋았습니다. 교수님과 자기 자신을 믿고, 에듀윌에서 시작하면 반드시 합격할 수 있습니다.

다음 합격의 주인공은 당신입니다!

더 많은
합격 비법

1위 에듀윌만의
체계적인 합격 커리큘럼

원하는 시간과 장소에서, 1:1 관리까지 한번에
온라인 강의

① 전 과목 최신 교재 제공
② 업계 최강 교수진의 전 강의 수강 가능
③ 교수진이 직접 답변하는 1:1 Q&A 서비스

쉽고 빠른 합격의 첫걸음 합격필독서 무료 신청

최고의 학습 환경과 빈틈 없는 학습 관리
직영학원

① 현장 강의와 온라인 강의를 한번에
② 합격할 때까지 온라인 강의 평생 무제한 수강
③ 강의실, 자습실 등 프리미엄 호텔급 학원 시설

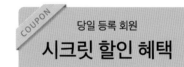

COUPON
당일 등록 회원
시크릿 할인 혜택

설명회 참석 당일 등록 시 특별 수강 할인권 제공

친구 추천 이벤트

"친구 추천하고 한 달 만에
920만원 받았어요"

친구 1명 추천할 때마다 현금 10만원 제공
추천 참여 횟수 무제한 반복 가능

※ *a*o*h**** 회원의 2021년 2월 실제 리워드 금액 기준
※ 해당 이벤트는 예고 없이 변경되거나 종료될 수 있습니다.

친구 추천 이벤트
바로가기

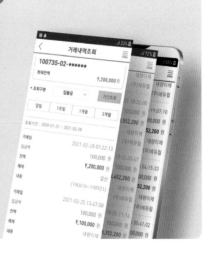

에듀윌 직영학원에서
합격을 수강하세요

언제나 전문 학습 매니저와 상담이 가능한 안내데스크

고품질 영상 및 음향 장비를 갖춘 최고의 강의실

재충전을 위한 카페 분위기의 아늑한 휴게실

에듀윌의 상징 노란색의 환한 학원 입구

에듀윌 직영학원 대표전화

		주택관리사 학원 바로가기
공인중개사 학원　02)815-0600	공무원 학원　　02)6328-0600	편입 학원　　02)6419-0600
주택관리사 학원　02)815-3388	소방 학원　　02)6337-0600	
전기기사 학원　02)6268-1400	부동산아카데미　02)6736-0600	

꿈을 현실로 만드는
에듀윌

DREAM

공무원 교육
- 선호도 1위, 신뢰도 1위! 브랜드만족도 1위!
- 합격자 수 2,100% 폭등시킨 독한 커리큘럼

자격증 교육
- 8년간 아무도 깨지 못한 기록 합격자 수 1위
- 가장 많은 합격자를 배출한 최고의 합격 시스템

직영학원
- 직영학원 수 1위
- 표준화된 커리큘럼과 호텔급 시설 자랑하는 전국 20개 학원

종합출판
- 온라인서점 베스트셀러 1위!
- 출제위원급 전문 교수진이 직접 집필한 합격 교재

어학 교육
- 토익 베스트셀러 1위
- 토익 동영상 강의 무료 제공

콘텐츠 제휴 · B2B 교육
- 고객 맞춤형 위탁 교육 서비스 제공
- 기업, 기관, 대학 등 각 단체에 최적화된 고객 맞춤형 교육 및 제휴 서비스

부동산 아카데미
- 부동산 실무 교육 1위!
- 상위 1% 고소득 창업/취업 비법
- 부동산 실전 재테크 성공 비법

학점은행제
- 99%의 과목이수율
- 16년 연속 교육부 평가 인정 기관 선정

대학 편입
- 편입 교육 1위!
- 최대 200% 환급 상품 서비스

국비무료 교육
- '5년우수훈련기관' 선정
- K-디지털, 산대특 등 특화 훈련과정
- 원격국비교육원 오픈

에듀윌 교육서비스 **공무원 교육** 9급공무원/소방공무원/계리직공무원 **자격증 교육** 공인중개사/주택관리사/감정평가사/노무사/전기기사/경비지도사/검정고시/소방설비기사/소방시설관리사/사회복지사급/건축기사/토목기사/직업상담사/전기기능사/산업안전기사/위험물산업기사/위험물기능사/유통관리사/물류관리사/행정사/한국사능력검정/한경TESAT/매경TEST/KBS한국어능력시험·실용글쓰기/IT자격증/국제무역사/무역영어 **어학 교육** 토익 교재/토익 동영상 강의 **세무/회계** 전산세무회계/ERP정보관리사/재경관리사 **대학 편입** 편입 교재/편입 영어·수학/경찰대/의치대/편입 컨설팅·면접 **직영학원** 공무원학원/소방학원/공인중개사 학원/주택관리사 학원/전기기사 학원/편입학원 **종합출판** 공무원·자격증 수험교재 및 단행본 **학점은행제** 교육부 평가인정기관 원격평생교육원(사회복지사2급/경영학/CPA) **콘텐츠 제휴·B2B 교육** 교육 콘텐츠 제휴/기업 맞춤 자격증 교육/대학 취업역량 강화 교육 **부동산 아카데미** 부동산 창업CEO/부동산 경매 마스터/부동산 컨설팅 **국비무료 교육(국비교육원)** 전기기능사/전기(산업)기사/소방설비(산업)기사/IT(빅데이터/자바프로그램/파이썬)/게임그래픽/3D프린터/실내건축디자인/웹퍼블리셔/그래픽디자인/영상편집(유튜브) 디자인/온라인 쇼핑몰광고 및 제작(쿠팡, 스마트스토어)/전산세무회계/컴퓨터활용능력/ITQ/GTQ/직업상담사

교육
문의 **1600-6700** www.eduwill.net